Não tenho a solução, mas o problema me fascina

Dados Internacionais de Catalogação na Publicação (CIP)
(Câmara Brasileira do Livro, SP, Brasil)

Briefs, Jonathan

Não tenho a solução, mas o problema me fascina: transforme os desafios em oportunidades de alavancar sua carreira / Jonathan Briefs ; tradução de Nélio Schneider. – Petrópolis, RJ : Vozes, 2016.

Título original: Ich habe keine Lösung, aber ich bewundere das Problem.

ISBN 978-85-326-5223-2

1. Autoconhecimento 2. Carreira profissional 3. Coaching I. Título.

16-00676 CDD-158.1

Índices para catálogo sistemático:
1. Autoconhecimento : Coaching : Psicologia aplicada 158.1

Jonathan Briefs

Não tenho a solução, mas o problema me fascina

Transforme os desafios
em oportunidades
de alavancar sua carreira

Tradução de Nélio Schneider

EDITORA
VOZES

Petrópolis

Título do original em alemão: *Ich habe keine Lösung, aber ich bewundere das Problem – Provokatives Coaching für den Berufsalltag*

Direitos de publicação em língua portuguesa – Brasil:
2016, Editora Vozes Ltda.
Rua Frei Luís, 100
25689-900 Petrópolis, RJ
www.vozes.com.br
Brasil

Revisão da tradução: Markus A. Hediger
Editoração: Maria da Conceição B. de Sousa
Diagramação: Sheilandre Desenv. Gráfico
Capa: WM design
Ilustração de capa: Marcos Prevot

ISBN 978-85-326-5223-2 (Brasil)
ISBN 978-3-466-30950-4 (Alemanha)

Editado conforme o novo acordo ortográfico.

Este livro foi composto e impresso pela Editora Vozes Ltda.

Para E. Briefs

CONTRA MURPHY

O que pode dar errado vai dar errado
Tudo demora mais do que se imagina
Querendo ou não, jamais existe a solução
Parece fácil, mas é difícil.

Sinceramente, isso é bobagem
A lei de Murphy não é a minha
Eu acredito que a felicidade é de graça
Que a encontramos e que ela fica
Acredito que a felicidade nos ataca e se agarra
Que existe a possibilidade de ela ficar para sempre.

Nós e as catástrofes
Nós e o caos predeterminado
Eu e a pior das calamidades
Você realmente acredita
Que, por trás de tudo que dá certo,
Existe um porém?

E toda vez lutamos contra Murphy...

(Versão abreviada da canção *Contra Murphy*, de Axel Bosse, impressa aqui com a gentil permissão da Editora de Música Oton)

Sumário

Introdução

Sou muito bom em encontrar
o que não me agrada.

KANYE WEST

Qual é o seu sonho de voar?

Saltadores de esqui aprendem a andar de esqui ainda crianças. Primeiro passavam por pequenas depressões e elevações no terreno. Depois, buscaram a aventura. As colinas foram ficando maiores e maiores. Em algum momento, saltaram sobre garagens cobertas de neve. Foi aí que descobriram sua grande paixão: as alturas e a velocidade; a infusão de adrenalina do saltador de esqui. Agora, conheciam seu verdadeiro talento. Suas qualidades lhes permitiram seguir sua paixão e se divertir cada vez mais. A diversão é uma maneira de seguir uma carreira como atleta de elite.

Mais tarde, na vida profissional de um atleta adulto, existirão muitas rotinas entediantes, que podem sugar sua energia: entrevistas, viagens, eventos com patrocinadores, treinamento de força. Uma coisa, porém, todos os atletas com os quais tenho trabalhado conseguiram preservar: a alegria. Todo esse esforço para alguns segundos de felicidade: "O sonho de voar!" Quando o atleta mantém seu foco na diversão e não na recompensa, na indenização ou na compensação pela sua atividade, ele é bem-sucedido e também saudável em longo prazo. *Flow* (fluxo), essa forma especial de dedicação e autoesquecimento e a atenção às circunstâncias situacionais constituem um fator essencial do sucesso. Na fonte de sua força e motivação, os atletas experimentam sensações de êxtase e uma espécie de gratidão. Transformam-se em trabalhadores visionários em causa própria. A alegria que resulta de seus atos é o ponto de partida para todo o restante. Diversão não significa aqui relaxamento, adrenalina ou entretenimento, pelo contrário. A abordagem é outra: Esses atletas perseguem seu sonho com seriedade – com imensa perseverança, grande responsabilidade própria e admirável disciplina.

Divertir-se no trabalho significa viver suas qualidades. Para tanto, o atleta precisa conhecer e desenvolver seus potenciais. Somente assim consegue obter um desempenho excelente. Quem quiser alcançar suas metas, necessita força de vontade. A curiosidade diária de melhorar é um elemento para o sucesso. "Não é apenas a cada quatro anos que se faz um campeão olímpico; no fundo, o atleta trabalha todos os dias para isso" (Christian Uhl, psicólogo de esportes da seleção nacional de salto de esqui da Áustria).

Minhas experiências como técnico (*coach*) de atletas de elite são o ponto de partida para esta intervenção provocante em forma de livro. Com esse "método de inversão", eu inverto as receitas de sucesso desses saltadores de esqui – uma das minhas ferramentas que uso como *coach*.

Manual para o fracasso. Confusão e irritação como experimento mental. O aprofundamento das regiões problemáticas e as negações no livro se opõem à abordagem tradicional do *coaching*. As ferramentas aqui apresentadas têm sua origem no teatro de improvisação e no portfólio da prática de *coaching*. Muitas delas fazem parte da colaboração com os saltadores de esqui.

Sou considerado, entre outras coisas, um consultor de humor. O riso é um instrumento central do meu trabalho. É uma medida que gera confiança. No entanto, não ensino às pessoas a serem cômicas. Eu aconselho com humor. O riso é a conexão mais rápida entre duas pessoas. Também no *coaching*.

Antigamente, humor e atletismo de elite eram tidos como contradição. Meu trabalho demonstra o contrário. O humor favorece o desempenho. A receita para a vitória não é apenas mais determinação, mais velocidade, uma altura e uma distância maiores, mas também uma leveza mental. Talvez o leitor adquira algum conhecimento e/ou é instigado à objeção. No fim, como sempre, o que conta após a experiência é o resultado.

1

Não tenho a solução, mas admiro o problema

Bem-vindos à terra das lamúrias

Todo ser humano tem problemas, você também. Todos passam por isso. Normalmente, não temos controle sobre isso. Mas *como* você reage a isso é responsabilidade sua.

Uma possibilidade é, obviamente, a lamúria, os monólogos negativos. Você é especialista nisso. O ser humano domina com perfeição a autoacusação. Você jamais falaria com alguém num tom tão agressivo quanto consigo mesmo. Nem com o parceiro, nem com a família, nem com seu cachorro, nem com a planta em seu quarto. É apenas a si mesmo que você concede o prazer de tanta dúvida e autoflagelação. Ótimo. Isso deve aumentar sua autoestima. Pois nisso ninguém chega aos seus pés. Nisso você é especialista.

Por experiência posso dizer que a maioria das pessoas não quer que o *coaching* mude qualquer coisa em sua situação problemática. Pois nela as pessoas se sentem à vontade. Seguras. Em controle de tudo. Numa rotina reconfortante. Zona de conforto. Os chorões querem apenas aprender a lidar melhor com ela. De forma alguma desejam mudanças. Resolução dos problemas? Não, obrigado!

Se é assim que você funciona, jamais pare de se lamuriar. E compartilhe suas lamúrias. Obrigue o mundo inteiro a participar de sua autocomiseração. Isso é um método certeiro de perder amigos e colegas. Assim, você terá mais tempo para si mesmo. Além disso, você estará em ótima companhia: na sociedade das vítimas e daqueles que procuram a culpa sempre nos outros.

E tenho outra notícia boa para você:

Suas lamúrias prolongam seu problema. Que consolo!

Mas por que isso é assim?

Enquanto estiver preso no modo da lamúria, você não conseguirá se concentrar na solução. Isso é maravilhoso. Ao contrário de todos os boatos sobre *multitarefas* você não conseguirá se concentrar em duas coisas ao mesmo tempo. Você não pode reclamar do problema e ao mesmo tempo procurar uma solução. Você realmente precisa se decidir.

Opte pela existência de chorão.

Chorar o leva ao sucesso? Chorar lhe traz felicidade? Chorar gera amizades?

Não, mas permite que o problema persista. Chorar prolonga a vida – a vida do problema. Isso basta como motivação!

Isso não seria perfeito para você?

Em algumas regiões da Alemanha existe a instituição de grupos de lamúria. Aqui, as pessoas se lamentam de todo coração. Às vezes, os participantes vasculham a vizinhança à procura de objetos lamentáveis: casas abandonadas, ruas sombrias, árvores tristonhas etc. Estas são então excessivamente homenageadas em seu estado deplorável.

Mas cuidado: Após algumas rodadas generosas de lamúria, algumas pessoas se sentem dispostas e revigoradas. Então, voltam para as suas vidas com energias renovadas, prontas para enfrentar seus desafios e se dedicar ativamente a suas tarefas.

O fio da meada I

Exercício para duas pessoas

O indivíduo A narra um conto de fadas conhecido, por exemplo, *Chapeuzinho Vermelho*. O indivíduo B o interrompe com conceitos estranhos. O indivíduo A incorpora os conceitos de forma sensata e gramaticalmente correta à sua narrativa no ritmo que lhe for oportuno. No lugar de um conto de fadas, o indivíduo A pode também discursar sobre algum tema – um *hobby* ou algum filme conhecido.

Exemplo:

A: Era uma vez uma garotinha...

B: Geladeira.

A: Que esvaziou a geladeira para fazer uma surpresa à sua avó...

B: *Doping*.

A: Que estava de cama em sua casinha na profunda floresta. Pretendia levar-lhe uma bebida rica em vitaminas, um *doping* natural.

B: Aposentadoria.

A: Graças a Deus, desde sempre a avó havia investido em sua previdência, de forma que sua aposentadoria lhe permitiu comprar a pequena casa na floresta. Mas então surgiu o lobo mau...

B: Ministro.

A: Que, no passado, havia sido ministro da defesa...

Etc.

Objetivo: aumento da concentração e da capacidade de manter o foco; integração de perturbações em vez de resistência; inspiração em vez de bloqueio; treino de priorização.

O vento

O saltador de esqui decola da rampa. Ele perde a luta contra o vento, precisa interromper o salto e aterrissa derrotado na área de pouso. A decepção está inscrita em seu rosto. Sua linguagem corporal diz tudo. Ele se acusa. Impiedosamente ele reluta com seu destino. O vento o derrotou. Seu covarde interior enfiou o rabo entre as pernas com medo de se machucar. O saltador de esqui se sente traído e vendido. Ele se vê privado de sua vitória. Ele não é apenas um perdedor; vê-se também como fracassado. Sente-se magoado em sua personalidade. Roubaram-lhe suas chances. Agora, a imprensa aguarda sua declaração sobre seu desempenho deplorável. Enfiam a faca em sua ferida. Ele se afoga em autocomiseração e sente uma agressão que logo se transforma em raiva. Ele atira os esquis na neve e ataca o treinador com observações venenosas. Aproxima-se uma frente fria. Era do gelo no país das lamúrias.

Apaixonado pelo problema

Uma possibilidade de estender a data de validade do problema consiste em enfrentar o problema com admiração expressa. Trata-se de uma variante da paralisia provocada pelo choque.

No entanto, temos aqui o olhar de um apaixonado. Admiração é uma característica da pessoa que não se orienta pela solução. Ofuscado pela beleza e singularidade do problema, a princípio, você decide fazer nada... e bem mais tarde: nada... e dias, semanas e meses mais tarde: menos ainda.

O problema parece ser extraordinário e incomparável. Ele deveria ser tombado; declarado patrimônio mundial. No mínimo.

Você consegue descrever o problema com paixão e entusiasmo, em todas as cores e com a maior maestria. Afinal de contas, você o analisou de todos os lados e chegou a desenvolver um amor por ele. Um amor puramente platônico, é claro. Você chama esse comportamento de "Análise profissional do problema". A consequência disso é que o problema continua como está. Qualquer tentativa de solucioná-lo faria com que ele desaparecesse. Você não quer ser responsável por isso. Afinal de contas, o problema está sob sua tutela.

Perguntas, perguntas

Exercício para uma ou duas pessoas

O indivíduo A faz uma pergunta sobre um tema qualquer. O indivíduo B responde com outra pergunta. O indivíduo A retruca com uma pergunta. B responde com uma pergunta etc. Caso você prefira fazer o exercício sozinho, você pode assumir ambos os papéis na forma de um monólogo.

Exemplo:

A: Por que as férias são sempre curtas demais?

B: Você acha?

A: Você não?

B: Posso pensar sobre isso por um momento?

A: Isso é realmente necessário?

B: Você nunca reflete sobre as coisas?

A: Você está falando sério?

B: Se não estivesse, você acha que eu teria perguntado?

A: Então isso é realmente importante para você?

B: Para você não é?

Etc.

Objetivo: Esse exercício funciona melhor se você se dissociar do conteúdo. Nós humanos tendemos a nos identificar muito (principalmente com problemas ou numa conversa). Temos dificuldades de estabelecer a distância que, às vezes, ajudaria a encontrar uma solução. Aqui, você pode treinar e experimentar a dissociação.

Objeção

Martin Koch é um dos saltadores de esqui mais bem-sucedidos do mundo. Quando seu treinador quis lhe dar um *feedback* sobre uma competição, ele o interrompeu: "O que é que você quer? Você nem estava lá!"

2

"Meu problema é que sempre sou muito autocrítico, inclusive em relação a mim mesmo"

Andreas Möller

O lixo mental

A autocrítica é uma expressão das vozes interiores. Monólogos são normais. Existem pelo menos duas vozes dentro de cada um de nós. Uma delas é a voz interior construtiva, uma espécie de intuição. A voz do pensador de chances, que se orienta pela solução, sabe exatamente o que precisa ser feito e o que é o melhor para nós. Ela tem ideias construtivas para a solução de problemas. Ela nos encoraja e nos aproxima das nossas metas. Temos ciência e clareza sobre a solução para muitas dificuldades. Temos dentro de nós também as habilidades e os recursos necessários. Mesmo assim, raramente damos ouvidos a essa voz. Ela soa um pouco como... Mas você já deve ter alguma ideia!

Você prefere se dedicar aos monólogos negativos. À voz do portador de objeções, que problematiza tudo. Encantado, você se entrega aos pensamentos de autoquestionamento. Eles o afastam da meta e de uma solução. Você perde a coragem e a motivação. Você não assume a responsabilidade pela situação. Você prefere responsabilizar outros. Você se sente em casa. A voz se parece um pouco com a do vocalista da banda Rammstein. Ou com a da Branca de Neve. Ou como a da família?

O problema, portanto, não é que você não sabe.

O problema é que você não faz o que já sabe.

Esta é a essência, o "x" da questão.

A aplicação do conhecimento é o fator decisivo. Saber é poder. E esse poder está em suas mãos.

Mas: Quem gosta de levantar a pergunta do poder? Você não. Seja realista. Continue a lamentar a crueldade do mundo – em geral e especialmente em relação a você.

O insuflador de ideias

Exercício para uma, três ou seis pessoas

Para o monólogo, você escolhe um tema (p. ex., a compra de um carro) e desenvolve um diálogo interior de vozes favoráveis e contrárias. "A favor" é a voz construtiva; "contra", a voz destrutiva. Talvez você ("Eu") tenha tomado uma decisão internamente e procura agora apoio e argumentos.

No caso do exercício com três pessoas, o indivíduo A é o "Eu"; B é o "pró" e C é o "contra". Assim, vocês podem desenvolver um diálogo semelhante ao realizado no monólogo.

No caso do exercício realizado com seis pessoas, os indivíduos A e B dialogam, por exemplo, numa concessionária. A é um cliente. B é o vendedor de carros. Os outros assumem os papéis favoráveis e contrários à compra.

Exemplo:

A: Eu gostaria de comprar um Smart.
B: Que ótima ideia!
C: Mas isso não é carro.
A: Não concordo.
B: É isso mesmo. É o carro perfeito para a cidade.
C: E quando você quiser fazer uma viagem mais longa? Uma excursão, férias...
B: E qual seria o problema?
C: Onde você colocaria as malas?
A: Bem pensado. Preciso estar preparado para todas as eventualidades.
B: No assento do passageiro?
C: Ótima ideia para quem quer levar uma vida solitária!
A: Se eu viajar, certamente não estarei sozinho.
C: Viu? Você precisa de espaço. Que tal um SUV?
B: É, um tanque de guerra para donas de casa. Você não pensa no meio ambiente?
A: Bem, não precisa ser um jipe. Além disso, é difícil encontrar vagas de estacionamento para um carro desse tamanho.
B: Exatamente. Por isso, compre um Smart!
C: Isso não é carro, é uma ideia fixa.
Etc.

Objetivo: Esse exercício ensina a lidar com insufladores de pensamentos. Ignore-os, integre-os, não perca o foco. E ela lhe ensina que o poder de se decidir por esta ou por aquela voz está em suas mãos.

Pensar não ajuda

Um fenômeno recorrente no atletismo de elite é o diálogo interno que confunde o atleta durante a competição. No mais tardar, quando o saltador se prepara para saltar da rampa, pensamentos sobre um possível fracasso, sobre o jantar, a gravidez de sua esposa ou o ferro de passar roupas ligado só atrapalham. "Pensar não ajuda!" diz Gregor Schlierenzauer, vencedor do *Vierschanzentournee* (série de competição de salto de esqui realizada em quatro locais diferentes).

A síndrome do blefe

Ou: *It's a dream, it's a fake, it's a fucking lie!* (É um sonho, é uma farsa, é uma maldita mentira!)

Não se aproprie de quaisquer faculdades, pois você não confiará nelas.

Você conhece a sensação? Tudo anda bem, tudo se encaixa perfeitamente. Uma espécie de reação em cadeia bem especial. Como o "efeito bola de neve". Um serviço gera o próximo. Você é recomendado a todos. A propaganda boca a boca funciona a pleno vapor. Todos querem trabalhar com você. Todos falam de você. Todos buscam seu conselho. Você é visto como maior especialista de sua área. Sua opinião conta. Quando você entra num recinto, todos se calam. É a aurora de um novo dia. Este seria o momento de desfrutar o seu sucesso. De fazer uma pausa para recuperar o fôlego. De aceitar os elogios e o reconhecimento e de sentir orgulho pelas suas conquistas.

No entanto, as dúvidas não se calam. Reina a desconfiança. Algo não lhe cheira bem. Você realmente mereceu isso? Você realmente vale tudo isso? É de você mesmo que eles estão falando (talvez você tenha um irmão gêmeo e não sabe disso), ou será que se trata de um mal-entendido constrangedor? Algum dia, a verdade certamente virá à tona. Quando isso acontecer, todos apontarão o dedo para você. Como na fábula das roupas novas do imperador. Naquele dia, todos saberão que você não passa de um burlador. Um ilusionista. Um trapaceiro do pior tipo. Sua carreira não é resultado de capacidades e talentos aperfeiçoados com tanto suor. Na verdade, nem existem. Você é um *fake*. Uma fraude. Pelo menos, é assim que *você* se vê. E isso basta. Você preferiria ser engolido pela terra, de tanta vergonha que sente. Os poucos minutos de fama, triunfo e glória não valem o esforço.

Análise das causas

"*Fake it, until you make it!* (Simule, até conseguir!)" Durante algum tempo, isso dá certo. Mas em algum momento, você precisa de um fundamento.

O que poderia me ajudar a confiar em mim mesmo?

Investigue a causa das suas dúvidas: Falta de formação? De qualificação? Você é autodidata? Você se sente inferior no círculo dos especialistas estudados e aprovados, só porque você não foi à faculdade, não tem mestrado ou doutorado?

O diploma de uma faculdade ou um doutorado conseguiriam tranquilizá-lo?

Você pretende comprar um título de doutor?

O reconhecimento de algum colega que você admira poderia compensar qualquer faculdade, qualquer título? Quem poderia lhe devolver a fé em si mesmo? Uma fé que, às vezes e por algum motivo qualquer, você questiona – a despeito de todos os sucessos, de sua experiência e dos elogios recebidos?

Amigos de casa

Entre os esportistas o lixo mental é muito difundido. É justamente em situações de alta tensão durante uma competição importante que o lixo mental se espalha pela cabeça. Na verdade, a vida do atleta poderia ser tão simples. O treino foi ótimo em todos os aspectos. O material e a equipe estão perfeitos. As condições são boas. O atleta poderia ir à luta de peito aberto. Mas então, do nada, aparecem os insufladores de pensamentos ruins. Eles se instalam em sua cabeça e assumem o controle. A não ser que o atleta os enfrente de viseira aberta. Há possibilidades de lidar com esses amigos caseiros importunos: ignorá-los; ou saudá-los, reconhecê-los e seguir em frente. Ou trocar sua moldura, ou seja, mudar seu significado inserindo-os em uma nova moldura.

Às vezes, basta um sorriso ao reencontrar um velho conhecido: "Você de novo!" Ou um beliscão bem-aplicado durante um surto de lixo mental. Ambos os métodos ajudam a espantar os perturbadores.

Venda-se abaixo do preço

Você é autônomo e está consolidando a sua marca. "A concorrência não dorme" – este é o seu credo.

Você tem medo de não receber encomendas suficientes, porque seu preço é muito alto? Sem problema. Tente oferecer sempre o preço mais baixo. Ser barato é a nova garantia de sucesso, acredite. Entregue-se aos clientes que só se interessam pelas ofertas e pelos produtos mais baratos. Não são clientes bons, mas melhor estes do que nenhum. Não permita que ninguém ofereça um preço abaixo do seu. Perca qualquer sensatez. Venda seu corpo e sua alma por preço de liquidação. Mesmo assim, forneça qualidade, um serviço e *know-how* excelentes. Ninguém o pagará por isso, mas quem se importa? Trabalhe até a exaustão e um pouco mais. Ninguém saberá, mas você se sentirá melhor fazendo isso. Jamais dê ouvidos à sua intuição que lhe diz que esse cliente vai lhe dar muito trabalho. Encare-o como um desafio. O que não mata fortalece. Principalmente nos negócios. Pode até existir outro tipo de relação com clientes: clientes que nos tratam com o devido reconhecimento, dispostos a investir dinheiro na qualidade de um trabalho, porque sabem que assim receberão mais, que receberão algo especial. *Você*. No entanto, até agora você conhece esse tipo de clientes apenas de boatos. Seu medo de não receber encomendas determina seu comportamento e sua decisão de ser um fornecedor barato.

Faixas de preço

Quanto você vale? Jamais se venda abaixo do seu valor!

Existem três faixas de preço. Antes de qualquer negociação, pergunte-se: Qual é a minha faixa de preço desejável e ideal? Qual é minha faixa de preço aceitável? Qual a faixa de tolerância?

Jamais se venda abaixo dela. Sem exceção! Caso contrário, você se arrependerá profundamente.

A zona do pânico

Os saltadores de esqui não falam em medo, mas em temor ou respeito de uma rampa de salto. A rampa sempre representa um desafio. Ela os leva ao limite de suas capacidades. Essa futura experiência-limite os preocupa e provoca um frio na barriga. Eles vivem na confiança de dominar essa situação. Sem essa confiança, provavelmente não arriscariam o salto para um futuro incerto.

Alguns anos atrás, já no fim de temporada, Martin Schmitt, o ídolo alemão do salto de esqui, conheceu o medo. Nos saltos de treino para a última rodada de salto da maior rampa de salto de esqui do mundo naquela época, ele levou um tremendo "susto". Então, tomou a decisão certamente difícil de não continuar na competição. Ele desistiu de competir. A confiança em suas capacidades estava abalada. Apesar de tantos anos de experiência no salto de esqui, ele não se julgava mais capaz de realizar os saltos. Ele não estava mais disposto a se vender abaixo de seu valor. Não valia a pena arriscar uma queda e uma contusão. Seus colegas de salto demonstraram muito respeito por sua decisão. A imprensa alemã ficou dividida.

No salto de treino, Martin Schmitt invadiu a zona do pânico. Estresse. Pressão sem fim. O medo lhe mostrou um caminho. Uma saída. Com a ajuda de seu treinador, ele voltou a saltar de rampas menores, para assim reconstruir aos poucos as suas capacidades e fortalecer a confiança nelas. O tamanho das rampas foi adaptado à sua capacidade atual. Assim, ele conseguiu recuperar sua autoconfiança e ampliar cada vez mais a sua zona de conforto, visando a um melhor desempenho na zona de risco.

Não confie em ninguém, nem mesmo em você

Há dois tipos de pessoas: aquelas que entram num recinto e dizem: "Que bom que cheguei!" e aquelas que entram num recinto e dizem: "Que bom que você veio!"

Qual é o seu tipo?

Acredito que os dois tipos de pessoas mostram um interessante comportamento de *status*. Não estou falando de símbolos de *status*, como: "minha casa, meu automóvel, meu iate". Tampouco me refiro ao *status* social, como juízes, médicos, prostitutas ou viciados. Refiro-me ao *status* que ostentamos com o nosso comportamento. Existe o *status* elevado que diz: "Não se aproxime de mim; eu mordo!" E existe o *status* inferior que declara: "Não me morda, pois não vale a pena!" Os dois níveis de *status* alcançam seu propósito. Eles impõem distância. Trata-se, portanto, de estratégias de sucesso diferentes. Na maioria das vezes, priorizamos um determinado *status*. Curiosamente procuramos ocultá-lo no convívio diário no trabalho e com estranhos. Muitas vezes, podemos perceber isso quando somos fotografados e mais tarde vemos o resultado. Ou não somos inexpressivos ou fazemos careta.

As pessoas se tornam amigas quando permitimos que elas diminuam ou aumentem o nosso *status* em tom de brincadeira, às vezes até simultaneamente: "Muito bem-feito, mas olha só a sua cara!" Essas brincadeiras expressam proximidade. Nós mesmos podemos rebaixar ou elevar o nosso *status*. Também podemos rebaixar ou elevar o *status* do interlocutor. E vice-versa. Comportamento de *status* é, portanto, um processo dinâmico. Mostrar-se flexível no comportamento referente ao *status* é, na minha opinião, expressão de soberania. Aliás, não temos uma relação de *status* só com o nosso interlocutor, mas também com o tempo e o espaço, com desafios e problemas. Se você não enfrentar um problema pelo menos à mesma altura, perderá com frequência. É isso que você quer? Por isso, mantenha os olhos bem abertos na hora de escolher o problema! Sugiro que, só de brincadeira, você se faça passar por uma criança impotente, colocando-se num *status* inferior, para que alguém tire o problema de suas mãos. Nesse caso, o comportamento do *status* inferior o livrou de um problema. Satisfeito?

Jogos de *status*

Como você conseguiria, no diálogo, elevar e abaixar o seu próprio *status*? Como você conseguiria, no diálogo, rebaixar e elevar o *status* do outro? O que faz o outro exatamente? Por que e para que finalidade?

Combinem situações cotidianas como café da manhã, aniversários, encontros etc., e atribuam também um *status* a cada um. Decidam também quem mudará de *status*.

Exemplo:

A: Bom dia.
B: Já estava na hora!
A: Perdão.
B: Tínhamos marcado um encontro.
A: Está esperando há muito tempo?
B: O que você acha?
A: Sinto muito.
B: Desculpas aceitas.
A: Você é sempre tão dramático.
B: Odeio esperar.
A: Você não tem nada a fazer?
B: ...
Etc.

Objetivo: conscientizar-se do seu próprio comportamento de *status*. Quando reconhecemos o princípio da gangorra do *status*, conseguimos entrar em qualquer recinto, subir em qualquer palco, enfrentar qualquer situação. Soberania no comportamento de *status* mediante flexibilidade de *status* cria espaços de liberdade e autoconfiança.

Brigas de *status*

Em toda competição de salto de esqui há uma sala em que os esportistas se aquecem. Aqui, os esquiadores se reúnem pouco antes do seu salto. No mais tardar nesse momento, o saltador olha seu adversário nos olhos. Quem está sentado com quem e onde? Quanto espaço ocupa cada indivíduo? Qual é o melhor lugar? Brigas de galo em palavra e imagem estão na ordem do dia. A linguagem corporal diz tudo. Hierarquias são encenadas ou até questionadas. Quem dispõe de um *status* soberano sai do recinto como vencedor. Isso pode ter efeitos positivos para o salto.

As brigas de *status* são tema também dentro das equipes. Este era um dos pontos principais do meu trabalho com a seleção de saltadores de esqui da Áustria. Durante muito tempo, ninguém ousara verbalizar a briga de *status* entre Gregor Schlierenzauer e Thomas Morgenstern. Os treinadores tinham combinado que não falariam sobre isso. No entanto, isso teve um efeito bumerangue. Passou a sugar a energia. Quando dois brigam, ainda que dissimuladamente, um terceiro se alegra. Nesse caso, foi o finlandês Janne Ahonen, que saltou da rampa como vencedor.

O propósito da minha intervenção era desobstruir o *flow*. Minha tarefa consistiu em sensibilizar a equipe de forma lúdica por meio de exercícios de improvisação. Com muito humor, exploramos o tema do *status* em representações teatrais. Rimos muito sobre experiências incomuns que fugiam à nossa própria zona de conforto. Rir produz uma mudança de perspectiva e um novo modo de pensar. Agora, já conseguíamos conversar sobre o tema tabu.

3

"Se alguém tiver um problema comigo pode ficar com ele. O problema é dele, não meu"

Dieter Bohlen

Uma reputação ruim é melhor do que nenhuma

Cada um tem uma fama. Mesmo que você acredite não ter – você tem. Trata-se daquilo que as pessoas dizem sobre você depois de você deixar o recinto. Podemos conquistar uma fama. Se você quiser fracassar, o melhor que pode fazer é não criar uma reputação por esforço próprio, mas permitir que ela lhe seja atribuída por outros. Este é o procedimento ideal para você. Assim, rapidamente você adquire uma má fama.

O modo mais fácil de conseguir isso é prometer muito e não cumprir nada. Simplesmente não faça aquilo que você afirma querer fazer. Faça tudo diferente do que você diz. Estoure o orçamento e o cronograma. Culpe falsamente qualquer pessoa e jogue nela a responsabilidade pelos seus erros. E se, além disso, não tiver uma posição clara, não demonstrar uma atitude própria e permanentemente fizer acordos espúrios, você será perfeitamente imperfeito. Continue fazendo críticas ofensivas, leve as coisas para o lado pessoal e evite o elogio autêntico e o devido respeito. Feito isso, sua fama o precederá com trombetas e fanfarras.

Imagem própria/imagem alheia

Como você avalia sua repercussão exterior? Que qualidades, pontos fortes e capacidades você comunica? Quais são seus valores? O que você defende? Que histórias de sucesso, que conceitos marcantes estão associados a você?

A suposta repercussão exterior coincide com a percepção alheia factual? Se você tiver dúvidas, peça o *feedback* de amigos e estranhos.

Primeiras impressões podem ser muito informativas nesse sentido. Não existe segunda chance para a primeira impressão.

Quais seriam as possíveis diferenças e discrepâncias entre imagem própria e imagem alheia? Existem mal-entendidos?

Que passos você pode dar para dissolver a falta de concordância?

O ego midiático

Gregor Schlierenzauer era tido como "atleta de dias de sol". Ele se expunha à imprensa quando tudo corria bem. Só então ele respondia a perguntas. Porém, quando perdia, ele recorria a evasivas, se calava e fazia "esquisitices". Os jornalistas não gostaram dessa atitude. Ele tinha fama de "diva".

Entrementes ele não evita mais os conflitos. Ele precisou se acostumar com as derrotas, mesmo sendo o "talento do século". Foi um caminho duro e pedregoso. Hoje em dia, ele considera normais essas experiências e desenvolveu uma maneira construtiva de lidar com elas. A mágoa pessoal se converteu em análise profissional: crescimento pessoal sob a luz dos holofotes. “Esporte de elite como escola da vida” – é assim que Toni Innauer, uma lenda do salto de esqui, chama isso. Schlierenzauer aprendeu a diferenciar entre o ego midiático pessoal e o Gregor Schlierenzauer como pessoa privada.

VOCÊ NÃO TEM INIMIGOS?

Isso só significa que você não tem um ponto de vista. Você conhece posturas de resguardo? Trata-se de uma postura que assumimos quando, por exemplo, sofremos uma lesão. Nesse caso, desenvolvemos automaticamente, no diálogo entre espírito e corpo, uma postura que faz com que tudo pareça menos doloroso. Muitas pessoas desenvolveram uma postura de resguardo em todas as áreas da vida, acompanhada de dogmas e convicções autorrestritivas. Deixaram de se arriscar. Protegem-se de decepções e ofensas. No fundo, elas se engessaram dos pés à cabeça. São invulneráveis, mas também intocáveis. É um modo de desenvolver uma postura sem assumir um ponto de vista. Comunicação com um mínimo de ofensas. São múmias já no presente.

Acredite piamente que você é o centro do universo

Ou o contrário!

Cada ser humano é algo especial. Uma peça única. Mercadoria de marca. Um original. Se você acredita nisso: Meus parabéns!

Só que, na situação em que você se encontra, isso não o ajudará a avançar. O que vale para você é isto: curve-se com todas as forças. Evolua à condição de "maria vai com as outras". Quanto mais uniforme você se tornar, melhor. Restrinja o seu âmbito de manifestação e evite espaços de liberdade. Critique os outros intensamente por aquilo que você é. Você não gosta de boa parte das decisões, dos pontos de vista e comportamentos de outros. Repreenda seu interlocutor. Nenhum ser humano pode tomar a liberdade de ser como ele é. Onde iríamos parar! Indivíduos livres e soltos por aí são perigosos, porque contagiam. Necessidades individuais, não importa de que tipo, são irrelevantes e superestimadas. Todo tipo de satisfação impede que se viva uma vida de frustração, raiva e inveja. Quem pode querer isso?

Todos nós somos medianos. É por isso que a vida é tão simples. Um pouco entediante, mas simples. Se algumas diferenças marcantes ainda chamam sua atenção, esconda-as debaixo do tapete. Ou: você se irrita com elas. E demonstra isso ao mundo inteiro.

Análise das características únicas

O que mais marcou você em sua vida até agora? Pessoas? Acontecimentos? Experiências? Sucessos? Dê alguns exemplos.

O que exatamente entusiasmou, emocionou, inspirou ou chocou você? E por quê?

Que lição você extraiu disso para si mesmo? Que consequências você tirou?

Como você se transformou na pessoa que é? O que o torna único e inconfundível?

O que seu entorno diz sobre esse tema?

Fair play

Uma tarefa central do meu trabalho com os esquiadores é desenvolver um espírito de equipe – a tentativa de encontrar algo que, para os atletas individuais, possa figurar acima de seus objetivos pessoais. Espírito de equipe? Amor ao esporte? Uma missão? Foi um processo empolgante. O que eu queria era justamente não dissolver a individualidade em favor de um nivelamento uniforme. A valorização da diversidade e a aceitação dos diferentes tipos de caracteres constituíram o fundamento para a aventura.

Respeito mútuo, não obstante toda a concorrência no time, é um caminho. Afinal, os atletas passavam muito tempo juntos durante a temporada e no treinamento. Nesse caso, encontros construtivos e positivos são muito mais favoráveis ao desempenho do que um espírito de concorrência. O que não quer dizer que todos os membros do time sejam obrigados a tornar-se melhores amigos. Longe disso. Ninguém gosta de mostrar ao outro a carta que esconde em sua manga. O problema do luxo de ter a maior concorrência dentro da própria equipe pôde enfim ser visto como um fator na construção do sucesso. Quem mais se encontra nessa situação privilegiada? Onde mais você tem a oportunidade de aprender com os melhores? Mesmo que, durante a competição, ninguém dê preferência ao outro. Mas depois todos celebram juntos a vitória do outro com a mesma coerência. Ou se consolam reciprocamente, quando este ou aquele não se saiu bem. *Fair play*.

Não preciso de ninguém! É mesmo?

Somos todos autárquicos,
mas só os bem-sucedidos o admitirão.

ANÔNIMO

Você precisa de atenção total. Precisa ser admirado e reconhecido. Valorizado e respeitado. E todos em sua volta recebem o que você espera.

A boa notícia é: Você preserva uma insatisfação latente quando se torna dependente da harmonia de seu entorno. Você consegue isso quando nunca diz o que você quer e precisa. A crítica é proibida. Você faz de tudo para que seu interlocutor pense e fale bem de você. Você é de convívio fácil e mais do que satisfaz as expectativas dos outros. Assim você consegue evitar conflitos. O que também ajuda é abrir mão das suas convicções. Isso lhe permite economizar energia pela redução do atrito. E qual é o problema disso? Você nunca teve certeza se realmente acredita naquilo que pensa. Defender fervorosamente a sua visão das coisas? Nem pensar. Suas autodúvidas sempre o pouparam disso. Cultura de conflitos, eca!

Você quer a aprovação de todos os lados. Mesmo que isso lhe custe sua autenticidade e sinceridade. Na sua opinião, não há nada pelo qual valha a pena lutar. Ser um agente por convicção não é sua praia. Isso significaria expor os flancos a ataques. Você é como teflon: seu lema é uma vida sem perdas por atrito. Você é um meio-termo ambulante. Sem dobras nem cantos. O queridinho de todos. Desse modo, você espera manter tudo sob controle. Você não arrisca nada na escolha de seus valores de simpatia. Você quer se sentir bem. Isso acontece quando os outros se sentem bem. Sua motivação é pura e simplesmente seu desejo de harmonia. Você precisa dos outros para se sentir melhor. Ninguém gosta da solidão. Por isso, você cultiva as estratégias dos perdedores. O sucesso intimida. Você aprendeu isso desde cedo. Portanto, você age de acordo. Afinal de contas, você é responsável pela sua própria infelicidade. Ninguém mais pode fazer isso por você.

Os óculos dos outros

Exercício para duas ou três pessoas (num grupo de três, costumamos ousar mais e inspiramos mais uns aos outros na produção de pensamentos de rotular pessoas)

Você simplesmente diz o que pensa. Dê vazão ao que você vê ou acredita ver. Pense em voz alta. Siga seus clichês e preconceitos. Deduza o caráter, a moradia, o automóvel, o *status* da família a partir da roupa, da linguagem, dos gestos, da mímica, da linguagem corporal, dos acessórios, do telefone celular, das chaves, dos óculos etc. Perceba, interprete e avalie. Quando você for a "vítima", por favor, não leve para o lado pessoal. É e sempre será só um jogo, um jogo esclarecedor. Rotulação de pessoas em toda sua perfeição.

Exemplo:

O indivíduo A é rotulado:

B: Só *nerds* usam esse tipo de óculos.

C: Exato. Ou os *designers*.

B: Os moderninhos.

C: Ou arquitetos. O corte de cabelo também combina.

B: Em todo caso, anda na moda. Olha só aquelas roupas. Ele se preocupa com isso. Mas não quer que ninguém perceba.

C: *Trendsetter* bem discreto. Inteligente. Curioso. Certamente viaja muito.
B: Mas só para cidades grandes. Berlim. Londres. Nova York. Xangai?
C: Se sente à vontade nas metrópoles. Tem todo jeito. Mas não passa de um turista de fim de semana.
B: Mas paga a taxa ecológica no aeroporto. Para aliviar sua consciência.
C: Apartamento próprio com móveis de *designer. Vintage.*
B: Cobertura, é claro. Sem muita vegetação. Bambu.
C: Ciclista no centro da cidade. Mas usa uma *e-bike.*
Etc.

Objetivo: Você recebe um *feedback* de sua real repercussão nos outros. De qualquer modo, você sempre será rotulado e, conhecendo o rótulo que lhe dão, mais cedo você conseguirá se livrar dele. Ou, se você gostar dele, você continua se acomodando nele.

Belos saltos

Thomas Morgenstern era tido como *playboyzinho*. Durante muitos anos, chamaram-no de "Morgi". Ele passava a impressão de estar sempre esperto e bem-humorado. Até mesmo quando sofria grandes derrotas, ele presenteava o público com um sorriso radiante. Às vezes, ele se encontrava na área de desaceleração após um salto malogrado, via o resultado miserável e sorria. Uma inconsistência curiosa que se estendia também ao encontro com a imprensa no entorno do estádio. Por pior que tivesse sido o salto, ninguém tirava o sorriso do seu rosto. O boné com os dois chifres do diabo era a única coisa que apontava sutilmente para o outro lado de Thomas Morgenstern – aquele que brigava consigo mesmo e se xingava. Que chorava e se mordia de raiva e decepção. Um atleta que, de tão ambicioso, quase desabava diante de tentativas frustradas e derrotas por se sentir pessoalmente humilhado.

Hoje isso mudou. Thomas Morgenstern se tornou mais humilde e paciente. Mais delicado no modo de se tratar. Entrementes ele já deixa a marreta em casa. Ele mudou sua postura. Obstinação e renitência não o levaram adiante, mas sim a decisão de transformar a vida de atleta no foco de suas atenções. Estando bem consigo mesmo nesse ponto e fazendo jus às suas exigências para aquele momento, ele já venceu. Lugares no pódio e medalhas são uma recompensa adicional. Porém, eles não são mais o foco de sua motivação. Seu objetivo é fazer um lindo salto. O resto é consequência.

Caga-regras em alta, preferência para o sabe-tudo

O maior incômodo que pode surgir é quando você tem sucesso numa coisa da qual ninguém o teria julgado capaz. Por isso: fique longe disso!

Estamos rodeados de um círculo de amigos e colegas que só quer o melhor para nós. Podemos ser gratos por todas as dicas e recomendações sobre o que se pode e o que não se deve fazer. Para você, o *feedback* não solicitado muitas vezes é um desafio. Uma de suas qualidades é ser extremamente receptivo. Com um sorriso você quita os conselhos. Alguns deles são pancadas. Já que você mesmo ainda não sabe exatamente o rumo que pretende seguir, o coro daqueles que lhe apontam a direção representa um grande alívio. Sem ele, quantas vezes você teria alcançado seu objetivo muito mais rápido? Ou teria feito experiências interessantes, mas supérfluas? Às vezes, os limites daquilo que se acredita possível lembra você da imagem das crianças pequenas no chiqueirinho. Isso fez mal à prole? Não.

Se há alguém que conhece suas próprias possibilidades, esse alguém é você. E caso não as conheça, há muitas pessoas por perto dispostas a lhe mostrar seus limites. O que ocorre é que infelizmente elas não o julgam capaz de muita coisa. Talvez até de muito pouco. Por quê? Talvez vocês já tenham convivido demais em muitas situações. Tanto em dias bons quanto em dias ruins. Você acredita que elas o conhecem muito bem.

Não por capricho, mas por experiência essas pessoas são céticas em relação às suas perspectivas de sucesso. Ao mesmo tempo elas rapidamente alertam ao perigo de um possível fracasso. Elas se preocupam. Não por que não desejem que você tenha sucesso. Como você pode pensar uma coisa dessas? O pensamento em seu entorno minimiza, portanto, as chances de você ter sucesso e maximiza a probabilidade dos seus fracassos.

Mas então chegam os dias da irracionalidade, dias em que você simplesmente quer tirar a prova. Nesses dias, você não aceita os limites que lhe foram sugeridos e simplesmente os atropela. E talvez você faça uma experiência interessante. Supreendentemente, às vezes é mais fácil que "estranhos" nos levem para a via do sucesso. Eles não nos conhecem, nem em tempos bons nem em tempos ruins. Eles são fundamentalmente mais otimistas, por serem mais imparciais. Para arriscar um primeiro passo rumo ao desconhecido, volta e meia faz sentido buscar a companhia do grande "desconhecido". Só que, se você fizer sucesso numa área em que era considerado incapaz, é provável que uma tempestade de censuras pesadas, críticas impiedosas e frustração recaia sobre você – vindas do seu entorno. Pois você ignorou regras. Vale a pena provocar esse conflito? É bem provável que não.

A festa do potencial

Você tem um sonho. Um desejo. Uma ideia. Você acredita que fracassará já antes de começar por causa de coisas como por exemplo, falta de disciplina, falta de tempo, ideias limitadas e falta de recursos?

Não se cale sobre isso. Dê voz ao seu sonho. Mas não se lamente. Se você quiser realizar algo, talvez você consiga conquistar o apoio de outras pessoas. Muitas vezes, é a nossa própria falta de articulação que nos impede de avançar. Pudor, falso orgulho ou falsa modéstia. "Só quem emite sons pode ser ouvido!" Portanto, dê aos seus objetivos um corpo de ressonância. Fale sobre suas ideias. Faça os outros sentirem seu entusiasmo, dê vazão à sua paixão. Se você arder por uma causa, você pode alcançar outras pessoas e talvez convencê-las a fazer parte dos seus projetos futuros. Não estou pensando num *empowerment* ao modo norte-americano equivocado. Para mim, trata-se de uma apresentação autêntica que atrai outras pessoas para os seus projetos. Vamos chamar isso de personalidade e carisma.

Reinvenção

Muitos esportistas se escondem num casulo formado por família e amigos de juventude. O treinador e o diretor são do clã. A confiança e a familiaridade cultivadas durante décadas de vínculos familiares são vistas como modelo de sucesso. A família como refúgio diante da proeminência e da popularidade. Nela, o atleta pode ser humano.

Há exceções à regra. Na sua maior crise, Andreas Kofler, vencedor da *Vierschanzentournee*, tomou outro caminho. Ele optou por cortar o cordão umbilical como processo de emancipação. Foi morar em outra cidade, em residência própria. Um novo ambiente. Ele escolheu assumir responsabilidade e desenvolver a eficácia própria. E isso funcionou. Ele encontrou seu coração de lutador e se tornou um vencedor.

COMPARAÇÕES SÃO MORTAIS PARA A NOSSA ALEGRIA DE VIVER

Há atletas que vivem com o chamado *pool* genético. O talento lhes foi, por assim dizer, colocado no berço, com a obrigação de usá-lo para algo grande, de fazer jus à "responsabilidade genética". Isso é chance e fardo ao mesmo tempo. A expectativa constante pelo grande momento de sucesso que finalmente solte as amarras que o prendem pode se transformar em bloqueio. Para alguns, esse momento jamais chega. Mas quando chega o momento de dizer "chega"? Como saber em que momento nós nos encontramos na trilha do sucesso? A definição de sucesso é uma questão puramente pessoal. Muitos atletas se valem da política dos pequenos passos. Eles demonstram certa serenidade na maneira de lidar com as expectativas e os planos de outros. O desenvolvimento de um parâmetro pessoal para o sucesso é o primeiro passo na direção certa. Livre-se do legado dos pais.

Não mostre nenhum respeito pela experiência

Há pessoas que decidiram construir uma nova vida. E conseguiram. Elas são chamadas de modelos de sucesso. O contrário de modelos ultrapassados. Ou seja, o contrário de você. Todos nós conhecemos essas pessoas de sucesso. Muitas vezes passam despercebidas, mas seguem um caminho reto, claro e coerente. Pela minha experiência, essas pessoas gostam de compartilhar suas histórias de sucesso. Modestas e com naturalidade, permitem que nos inteiremos de suas estratégias e maneiras de pensar.

Caso você sinta vontade de ter uma conversa pessoal com esses conselheiros de carreira, basta procurá-los. Uma conversa dessas facilmente pode resultar num fracasso se depois dela você se sentir melhor. Se você quiser se livrar da sua frustração, utilize a técnica do interrogatório. O interlocutor logo se sentirá desconfortável. Se, além disso, você ainda formular alguma crítica, você empurra o outro para a armadilha da justificação. Ninguém gosta disso. Se, para completar, você der a entender que está disposto a investir uma infinidade de tempo na conversa, o interlocutor logo encontrará um meio de fugir dela. Evite mostrar respeito pelas realizações de uma vida inteira. O melhor caminho é falar de si mesmo o tempo todo e criticar os outros. Interrompa as exposições do outro e ria das formulações dele. Ninguém gosta de ouvir comentários como estes: "Não posso imaginar isso para mim!" "Isso é tudo o que você tem a me dizer?" "E você acha mesmo que isso funciona?" Mas a formulação que pura e simplesmente mata a conversa é esta: "Sim, mas...!" Desvalorize a declaração do outro mediante uma aprovação aparente para então dar a sua opinião sobre ele. Se, além disso tudo, você ainda focar a conversa na fofoca e na intriga e descartar qualquer questão objetiva, você certamente enfurecerá o especialista em carreira. E mais uma vez terá buzinado a sua opinião no ouvido de alguém. Afinal de contas, você também tem algo a ensinar.

Modelos

Quem você admira? E por quê?

Procure apresentar três provas de que você mesmo possui exatamente essas qualidades que tanto admira em alguém.

De Federer a Vettel

Por que Sebastian Vettel ou Roger Federer servem de exemplo também para praticantes dos esportes de inverno? No caso deles, fica evidente que a modéstia que se percebe neles não está em contradição com sua capacidade de desempenho como atletas de elite. Vencedores, aparentemente sem arrogância, representam um modelo atraente para os atletas. O gene vencedor não precisa automaticamente nos transformar em malcriados arrogantes. Isso parece ser uma descoberta tranquilizadora.

Bernie Ecclestone, diretor da Fórmula 1, também é um modelo, no sentido de que ele construiu um império bilionário aparentemente a partir do nada. Tentar decifrar o segredo do seu sucesso e extrair estratégias para a própria carreira após a carreira é de interesse também para os atletas de outras disciplinas.

4

“Toda solução de um problema é um novo problema”

Johann Wolfgang von Goethe

Ativismo puro!

Há os que resolveram seu problema decidindo que doravante não queriam mais ficar passivos, mas partir para a ação. Eles dissolvem a paralisia provocada pelo problema e querem pôr alguma coisa em prática de imediato, aqui mesmo, neste segundo, a partir de já. Não importa o que seja. O mais importante é a ação! Mal começaram a fazer isso, surge como que do nada um novo problema. (Sendo assim, há quem prefira ficar com o problema antigo.)

Outros gostam da alternância de problemas. E permanecem no jogo. Nesse caso, quem precisa de soluções?

Mas qual é o novo problema? A atividade em si só ainda não promete sucesso. Há quem diga que o *empowerment* como fim em si mesmo é pura perda de tempo. Exatamente a coisa certa para você?!

Portanto, se você prefere um problema novo ao antigo, você não precisa fazer de tudo para não saber para onde a viagem o levará. Evite obter uma noção clara que se possa visualizar com facilidade. Somente assim você estará em condições de não concentrar suas energias nisso. Tudo o mais significaria que você precisa desenvolver uma ideia clara do seu objetivo, uma visão daquilo que você quer: quando, com quem, como e onde. Sem falar no porquê. Tudo isso é complicado demais para você. Fazer um plano custa tempo e nervos. Sem falar no esforço necessário para ater-se a ele. Diante disso, você prefere a grande totalidade difusa. O mais importante é a atividade. Afinal de contas, você está precisamente vivenciando o fogo alentador da interação pura e sem propósito. Você deveria aproveitar isso.

No fundo, seu procedimento pode ser comparado à produção de bolhas de sabão. Você produz bolhas de sabão *en masse*. Elas voam em todas as direções. Em algum momento elas estouram. O ar se foi. Não faz mal. Mais uma vez você produziu uma boa quantidade de ar quente. Que coisa linda. Mesmo que não tenha servido para nada. Mas nenhum ativismo também não traz uma solução.

O roteiro do início ao fim

Você tem um objetivo em vista. Só não sabe como alcançá-lo. Formule o objetivo da forma mais concreta possível: “Quero escrever um roteiro de filme e vendê-lo”. Está suficientemente claro? Não, pois reúna dois objetivos num só. Um dos objetivos é pressuposto do outro. Escrever vem antes de vender. Portanto, formule o objetivo assim: “escrever roteiro”.

Tomando como ponto de partida o objetivo, retrace os passos até a fonte, até o início. O que exatamente você precisa fazer? Quais são as dificuldades? O tema? A competência? Mão de obra? Contatos? Ideias? Dinheiro? Tempo? Organize as dificuldades em ordem cronológica.

Quando os passos individuais, que agora devem estar em sequência e que resultam logicamente um do outro, estiverem claros, você começa a desenvolver o roteiro do começo ao fim.

Ele flui? Há corredeiras, represas, obstáculos, bloqueios? Diminua os passos de modo que se tornem realizáveis. Toda mudança começa com o primeiro passo. Uma ajuda adicional pode ser um cronograma e uma pessoa de sua confiança que conheça seu plano. Essa pessoa tem a tarefa de supervisioná-lo e verificar se você cumpriu suas tarefas. Isso aumenta sua motivação e a vergonha de não se mexer por preguiça etc.

A pressão da originalidade

Quando um saltador participa da competição de salto de esqui, é natural que ele queira ganhar. Muitas vezes ele tenta dar um aviso para a concorrência já no primeiro dos dois saltos. Se não tiver sucesso, ele se esforça ainda mais na segunda rodada. Por trás desses dois comportamentos está o desejo de ser original. Fazer tudo diferente e melhor do que no treino. O atleta abandona as suas rotinas, que seriam perfeitamente suficientes para obter sucessos. Ele quer forçar a vitória com a marreta. Muitas vezes, o tiro sai pela culatra. Justamente pelo fato de querer demais, o seu sistema de voo não funciona.

A pressão excessiva gera uma tensão e leva à perda de suas capacidades. A pressão da originalidade é uma via de mão única. Ativismo sem sentido nem bom-senso leva a resultados ruins. A estratégia melhor é: "Pensei cá comigo: para variar, vou fazer um salto igual àquele que fiz no treino!" O plano dá certo: "Fiz aquilo que sempre faço! Imaginei que estava no treino".

A noção obscura da minha própria vocação

Há pessoas que dizem: "Faça aquilo que você gosta de fazer, viva a sua vocação, e o dinheiro virá!" Mas elas fizeram a experiência de que isso não é verdade. (Alguns imaginam diariamente como seria ser multimilionário, mas isso infelizmente ainda não se tornou realidade.) Aquilo que você mais gosta de fazer não é suficientemente bem pago para que você possa viver disso.

Isso felizmente o levou a aceitar um trabalho só para garantir a existência. Mas para que isso continue assim, por favor, não olhe para trás tentando resgatar uma faísca de entusiasmo, por menor que seja, pela sua atual profissão. Não se interesse por fatores prazerosos que eventualmente possam propiciar-lhe um acesso positivo ao seu emprego. Outros motivos que, além do salário, possam tê-lo incentivado no passado são irrelevantes hoje. Você estará seguro apenas se deixar de gostar de sua atual atividade profissional. Prefira concentrar-se nas coisas que você não gosta. Talvez você até odeie o que está fazendo. Excelente! De modo algum tente mudar isso. O amor não enche barriga.

Ademais, não procure jamais – jamais! – o trabalho dos seus sonhos. Como foi dito no início, o salário que ele lhe pagará não será suficiente. Verifique o que você gostaria de fazer e faça o contrário. Verifique seus talentos, suas capacidades e pontos fortes e esqueça-os imediatamente. Concentre-se nas suas fraquezas. Assim você se manterá dentro da média. O que desperta sua paixão e inspiração? Resista.

Outras pessoas conseguem viver muito bem daquilo que gostam de fazer e do que você supostamente também gosta de fazer? É mesmo? São exceções! Isso não se aplica a você. Além disso, trata-se de pessoas que têm tanta paixão por aquilo que conseguiram realizar seu sonho. Você não é assim. Pense um pouco: Você tem mesmo as capacidades necessárias para exercer a profissão dos seus sonhos e ganhar sua vida com ela? Esta é uma pergunta decisiva. A maioria das pessoas não tem a determinação necessária para isso. Por que você teria? São muitos os que jardinam, cozinham, cantam ou discursam em festas de aniversário. Mas isso em momento algum significa que seu talento é suficiente para alimentá-los. A qualidade e a quantidade das capacidades na profissão para a qual você se sente chamado são decisivas. Alguém pagaria por isso? Você pagaria? A resposta pode lhe devolver a sobriedade. Talvez você goste do que faz, mas não possui o potencial suficiente para atingir a excelência. Dificilmente alguém gastará dinheiro com algo medíocre e enfadonho. O que você gosta de fazer traz algum proveito para outros? Existe uma necessidade ou uma demanda? Você ainda não pensou nisso? Então nem precisa começar. Pare de sonhar. Na profissão dos seus sonhos, você não tem chance nenhuma de fazer uma carreira que lhe renda um salário digno. Continue praticando como *hobby* o que você gosta e o que lhe dá prazer. Assim, você estará garantido. Como ganha-pão continue fazendo o que você odeia, pois aí a frustração não será tão grande. Todo o resto serve apenas para nutrir falsas esperanças.

Há livros de autoajuda que dizem: "Transforme seu *hobby* em profissão e nunca mais precisará trabalhar". Besteira. Você sabe qual é o problema nisso. É bom saber onde começa o trabalho e termina a brincadeira. Em algum momento, você ficará tão confuso pela falta de uma demarcação clara que não fará nada além de trabalhar. Sem ponto nem vírgula. Dia e noite. Ou você não terá mais tempo livre. Ou toda a sua vida profissional será um único parque de recreação. Quem vai querer isso? Em algum momento não haverá mais razão para fazer pausas. Tudo estará em fluxo. Sem pontos de transição. Fim de expediente se transformará numa palavra estranha. O princípio será o da disponibilidade 24 horas. Um cenário de horror. Imprecisão na distinção entre profissão e *hobby* é coisa de iniciantes. Não de um macho alfa como você.

Motivos

Que motivos o atraem? O que o impulsiona?

Coloque os conceitos numa sequência. Quais são para você os três ou cinco motivos mais importantes?

Poder – *status* – família – reconhecimento – influência – sucesso – Deus – riqueza – prestígio – prazer – segurança – sentido – controle – bondade.

Que significado tem sua seleção para suas decisões na vida? Onde e como você vive de acordo com ela?

Visão

Saltadores de esqui vivem seu sonho. Os motivos são diversos. Há quem queira realizar uma visão. Outros veem seu esporte como missão. "Tornar-se um ícone", foi o que sentia um atleta como vocação interior, quase espiritual. Ou praticar o salto de esqui como "caminho para a riqueza". Atletas de elite amam o que fazem. Na maioria das vezes.

Às vezes, eles vivem como que num mundo paralelo. Há momentos, principalmente antes de competições, em que eles têm uma visão de túnel. Uma visão restrita do mundo. Saltar de esqui 24 horas por dia: isso é comparável a uma alimentação unilateral. Há os que precisam de um campo adicional de atividade. Um desafio diferente, estranho ao esporte, que lhes permita enxergar para além do seu mundinho. Para depois se lançarem com um vigor e uma motivação ainda maiores em seu esporte. Gregor Schlierenzauer, por exemplo, é *designer* de uma linha própria de moda e se dedica à fotografia, Thomas Morgenstern tirou o brevê de piloto e compete no automobilismo.

Sepulte a ilusão de uma vida profissional bem-sucedida na próxima curva do rio

"Eu poderia fazer qualquer coisa se soubesse o que quero", escreve Barbara Sher. Você não consegue o que quer porque não sabe o que quer. Logicamente, portanto, você nada pode fazer para conseguir aquilo! Isso é simples consequência.

Frequentemente se fala no *coaching* de uma visão para a nossa própria vida. Normalmente, isso é tido como pressuposto indispensável para uma vida bem-sucedida. Entretanto, muitas pessoas, inclusive você, preferem uma vida profissional dentro da média. Sem altos nem baixos. Um cotidiano profissional sem solavancos. Nada de aventuras. Nada de riscos. Em vez disso, controle total. Isso já basta para você. Só de vez em quando a coisa se torna um pouco entediante. Temos a escolha entre o bandejão da vida e o bufê das possibilidades. As coisas que estão no bandejão são as sobras daquilo que os chamados especialistas vocacionais deixaram para nós. Só no bufê encontramos os ingredientes para os projetos de vida atraentes, compostos de desejos, sonhos e objetivos. "O que importa não é quem somos, mas quem queremos ser", sua vida grita em sua direção. Ainda bem que você é surdo daquele ouvido.

Como é a profissão dos seus sonhos?

Do tipo: "Vou largar tudo para ser princesa"?

O que você está fazendo para impedir que a vida profissional dos seus sonhos se realize?

Em termos concretos: anote suas estratégias, ponto por ponto. O que você pensa, diz e faz. Verifique mais uma vez o que você escreveu.

Seja sincero: O que você está fazendo ativamente para impedir a vida que deseja levar?

Deve ser muita coisa. Atenha-se a esse comportamento. Só assim tudo ficará como está. Você se tornou aquilo que você mesmo imaginou em algum momento no passado. Isso merece respeito.

Você constituiu a vida pela qual se decidiu e vive essa vida de modo coerente dia após dia. Isso é uma grande conquista! Não que essa capacidade e coerência não pudesse ser aproveitada para criar outra vida. Mas isso já é outro tema.

Tudo tem o seu preço. Só a morte é de graça, como se diz. Ah, a sua vida às vezes já lhe parece assim?

Outras pessoas desejam uma vida profissional cheia de aventuras. Mas elas pagam um preço alto. Essas pessoas são obrigadas a ser mais ativas, mais focadas e mais disciplinadas. Elas precisam trabalhar mais. Elas têm pouco tempo para *hobbies* e distrações. Elas estão ocupadas detectando hábitos que as bloqueiam e desenvolvendo novos rituais de vida. Elas transpiram e precisam de ânimo.

Elas não sonham com aquela cartada bem grande nem com o projeto sensacional. Pelo contrário: elas estão concentradas em cada aspecto de um processo. Elas se preocupam com as pequenas coisas, com cada uma das engrenagens do mecanismo. Por quê? Porque sabem que todos os pequenos fatores têm, em seu conjunto, um tremendo impacto sobre aquilo que sua vida será. Elas são persistentes, vigilantes e atentas. Com pequenos passos, elas se aproximam do sucesso.

Isso as diferencia das muitas pessoas que ficam falando o tempo todo daquela jogada bem grande, mas que, na verdade, nunca avançam um milímetro sequer.

E o que dizer quando alguém – você – prefere não querer nada?

Você paga um preço por isso também. O que você paga pela sua atividade cotidiana é o tédio, a apatia, a mediocridade! Mas tudo bem.

Seja como for. Sempre pagamos um preço.

E se achar o preço muito alto: talvez você devesse abrir mão daquilo que o faz tão bem-sucedido em ser malsucedido.

Mas esse preço seria absolutamente alto demais!

Ok. Entendo. Afinal de contas, essa é a única história de sucesso que você pode chamar de sua.

A lista de sucessos

Converta a listagem das estratégias de insucesso numa lista de sucessos usando o "método de inversão".

"Ir até o fim" para não se machucar

"Você precisa ser resoluto. Precisa executar o salto até o fim para não se machucar", afirma Gregor Schlierenzauer. Depois da largada, não há como voltar atrás. Pelo menos até agora, ninguém conseguiu subir pela rampa de novo. Seria um empreendimento um tanto complicado. Se não houver coerência no agir, o risco de lesão aumenta. O único jeito é a determinação absoluta. Não tem volta. De certo modo, isso também é tranquilizador, ou não?

Por que o trabalho não pode ser prazeroso

Provavelmente você não tem tanto prazer na vida profissional quanto deveria ter. Ou quanto poderia ter. Primeiro o trabalho, depois a diversão! Essa frase lhe parece familiar? Você trabalha para garantir sua existência. Quando você trabalha, você trabalha. Quando você se diverte, você se diverte. Você não deveria misturar as duas coisas. Isso estragaria o trabalho e a diversão. Às vezes, trabalho é simplesmente trabalho. Parte integrante da vida. Fonte de renda. O salário é mais propriamente uma espécie de compensação. Ou indenização por danos. Você trabalha porque precisa trabalhar. É provável que você também não esteja contente com o seu entorno, mas procurar um novo exigiria muito esforço. O mesmo vale em relação ao seu *hobby*, à cidade em que mora, ao penteado ou ao peso. Faz muito tempo que tudo isso já não lhe dá mais alegria. Mas fazer o quê? As coisas são assim. A vida é assim mesmo.

Por que você fica fazendo todas essas coisas que não lhe dão prazer? Quem lhe diz que tudo precisa ser do jeito que está? Todos. Com a exceção de alguns livros de autoajuda suspeitos. Não dê ouvidos a eles.

Como? É exatamente isso que você ouviu. Não pare de fazer aquilo que não lhe dá mais nenhum prazer. Nada mais simples do que isso. Se você não sente mais alegria na sua profissão, não se demita de modo algum. É claro que você perguntará: "Sim, mas isso não é puro egoísmo da minha parte?" Naturalmente. Mas qual é o problema?

É óbvio também que não é possível ter um desempenho bom e muito bom em algo que você não gosta de fazer. Você sempre ficará aquém de suas possibilidades. Você estará insatisfeito e incomodará todos a sua volta com isso. A sua postura de vida será dominada pela frustração. Mas isso soa tão atrativo!

Um experimento mental:

Volte sua atenção só por um momento para as coisas que você gosta de fazer em seu trabalho. Cuidado: desviar a atenção produz uma percepção nova. Por isso, arrisque só uma olhadinha bem rápida. Caso contrário, você corre perigo de perceber que o trabalho nem é tão ruim quanto você pensou e que a escolha profissional que você fez pode, na verdade, ter sido uma decisão bastante boa. Mas logo você reconhecerá que sempre haverá grandes partes em seu trabalho que jamais deixarão de ser rotinas enfadonhas e que permanecerão relativamente isentas de prazer. Isso é tranquilizador. Não quero que você tenha alguma ideia errada. Para algumas pessoas, vale a frase de Fontane: "Quem quiser produzir precisa ser feliz!" Para você, continua valendo esta: "Chamamos de trabalho duro aquilo que não dá prazer" (Bertold Brecht). Não foi você que escolheu essa vida para si mesmo. Pois não é para si mesmo que você faz tudo isso, mas por amor a outros: à família, aos pais, às crianças, ao parceiro... Evidentemente, esse é *o* argumento imbatível. Continue aceitando compromissos quando o que está em jogo é sua felicidade privada ou profissional. Que bom que você se interessa tanto pelo que os outros pensam de você. Sem dúvida alguma, essas pessoas que têm permissão de julgá-lo devem ser pessoas muito importantes. Naturalmente você sabe também que não são *elas* que vivem a sua vida – é *você* que faz isso! Só você. Mas quem se interessa por isso? Você?

Prossiga com a sua vida destituída de prazer. O tempo que você tem não é ilimitado. Aproveite-o.

Seu estatuto vocacional

Qual é o teor do seu estatuto vocacional?

1) O que você sabe fazer bem? Mencione dois pontos fortes. Se não lhe ocorrer nada (elogiar a si mesmo frequentemente é mais difícil do que se pensa): mencione duas qualidades que os outros atribuem a você.
2) O que você sabe fazer bem e também gosta de fazer? Mencione duas habilidades e talentos.
(Dica: Não é necessário que você saiba fazer bem o que gosta de fazer. Talvez você seja muito bom em reformas, mas: Você também gosta de fazer isso?)
3) O que você gostaria de ler ou ver no futuro como notícia na internet / televisão? Seu desejo para o mundo.
(Dica: Aqui, você tem a oportunidade de formular seu sonho para a humanidade. Talvez ele soe brega, presunçoso, não realista. Não faz mal. Coragem!)
4) Agora construa uma frase com os conceitos reunidos:
Uso (1) minha/meu ... e minha/meu ..., investindo (2) minha/meu ... e minha/meu ..., para que futuramente o mundo (3) ...!

No começo, sua frase talvez ainda soe um pouco desajeitada. Trabalhe nela até que fique elegante. Elabore-a até ficar bonita. Quando você tiver a impressão de que está bem formulada e consistente, você terá criado o seu estatuto vocacional. Uma boa diretriz!

Fatores prazerosos e complexidade

Nas minhas conversas com os saltadores de esqui ficou clara sua aversão ao trabalho midiático. Evidentemente, eles sabiam que o trabalho com os meios de comunicação faz parte da sua profissão. Entretanto, no contato com os jornalistas, muita coisa foi se acumulando. As perguntas se repetiam. Reinava a monotonia. Eles tinham a impressão de não ter nenhum controle sobre a situação e o resultado. Os jornalistas raramente pareciam querer um encontro frente a frente, à mesma altura. Tudo aquilo simplesmente não tinha graça nenhuma.

Após discutirmos vividamente o *status* do atleta em relação ao entrevistador e à imprensa, saímos em busca da entrevista "perfeita". Quais eram as entrevistas que os próprios atletas achavam interessantes? O que as diferenciava? Em relação ao entrevistador e às perguntas? Como é uma entrevista em que tudo corre bem?

Em seguida nos preocupamos com fatores prazerosos para tornar a atividade rotineira mais interessante. Demos aos saltadores de esqui num encontro com o ORF (a Rádio Austríaca) tarefas complementares para desviar sua atenção e quebrar a monotonia e o aspecto assustador da entrevista.

Nesse caso, a intenção era usar exercícios de improvisação para apimentar as coisas. Os entrevistados deveriam, em sua resposta, formar frases sem "n". Ou usar a última palavra da pergunta do jornalista como primeira palavra de sua resposta. Substituir o "se" impessoal por "eu". E muitas outras coisas. De repente as reuniões de rotina se tornaram desafiantes e divertidas. O equilíbrio entre a execução da tarefa secundária, o escutar ativo e uma resposta sensata transformou-se em desafio intelectual. Isso foi muito divertido. A complexidade das tarefas acabou com o tédio, causado pela rotina. As entrevistas ficaram animadas e interessantes. Não restou nada da chatice do mero cumprimento do dever.

Não ame o que você faz

Se você se tornar um com o seu trabalho, você será bom nele. Quanto melhor você for no que faz, tanto mais talvez venha a ganhar. A paixão pela sua profissão é um caminho seguro para mais sucesso no trabalho. Uma carreira o espera. A vida profissional simplesmente lhe dará mais alegrias. Você se tornará mais autoconfiante e mais feliz.

Porém, abra bem os olhos na hora de escolher a profissão! Isso é diferente de escolher um parceiro ou uma parceira; é possível que sua profissão represente a relação mais longa de sua vida. Horas extras serão a norma. Em algum momento, você certamente trabalhará sem ganhar nada, você o fará pelo mero prazer de trabalhar. No futuro, você talvez até pague para poder ser alguém que trabalha pelo simples prazer de trabalhar. Isso leva à exploração. Portanto, tenha cuidado.

Alguns conselheiros profissionais recomendam: "Enquanto você não trabalhar na profissão que ama, você pode muito bem tentar gostar daquilo que é obrigado a fazer diariamente". O efeito disso será que, provavelmente, você fique cada vez melhor em sua profissão. Mas o que pode lhe acontecer nesse caso é que, mesmo não querendo, você suba os degraus da carreira. Você fará carreira num trabalho em que nunca quis estar. Acredite em mim: amor não é a solução.

O teste definitivo do emprego

~ Você se queixa muito e persistentemente do seu trabalho?

~ Você veio para ficar? Ou já está na hora de ir?

~ Você está curtindo uma ressaca da festa da noite anterior.

~ Você está pensando em ficar em casa? Quando você larga a caneta no final do expediente: isso lhe dá uma sensação de liberdade?

~ Quando sai do trabalho, você se torna mais produtivo do que durante o trabalho?
~ Durante o trabalho você precisa de mais cafeína do que em dias livres?
~ Você nunca fala sobre coisas particulares com colegas?
~ Você não tem amigos entre os colegas de trabalho?
~ Você não tem tempo para seus amigos fora do emprego?
~ Sua família acha que seu emprego não é a coisa certa para você?
~ Você não consegue descrever seu trabalho para uma criança?
~ Você costuma não ter nada para contar do seu cotidiano profissional?
~ Você não gosta de fazer horas extras, muito menos as que não são pagas?
~ Você leva trabalho para casa no fim de semana?
~ Suas férias representam a vida que vale a pena viver?
~ Quando as férias acabam, você não se alegra nem um pouco em voltar ao trabalho?
~ Você gosta de empurrar o trabalho com a barriga?
~ Você sabe o que é tédio no emprego?
~ Ninguém se interessa pelas suas ideias no trabalho?
~ Você nunca teve orgulho de sua atividade?
~ Você não exerce a sua profissão e os seus *hobbies* com a mesma paixão?
~ O seu emprego faz algum sentido para você?
~ Você é a pessoa errada para a profissão?
~ Você preferiria fazer outra coisa se também ganhasse dinheiro por isso?
~ A profissão o mudou para a pior?
~ Você se tornou o profissional que nunca queria ter sido?
~ Você não tem nenhuma meta em mente?

~ Você se encontra num beco sem saída?

~ Você se entrega a devaneios durante o trabalho?

~ Você joga na loteria?

~ Você certamente não continuará trabalhando na sua profissão se acertar na loteria?

~ Você estuda anúncios de emprego? Anúncios de cursos de reciclagem?

Isso não é um teste com base científica. Ele pretende apenas detectar uma tendência. Talvez ele permita reconhecer uma tendência. Se você responder "sim" em quantidade muito maior, valeria a pena cogitar a possibilidade, sem nenhum compromisso, de trocar de profissão. Dentro ou fora da firma.

Caso prepondere o "não" como resposta, o emprego talvez nem seja tão ruim assim como você pensa. Nesse caso, eventualmente valeria a pena refletir sobre possibilidades de adequá-lo mais ao seu jeito dentro do atual perfil do emprego. E pôr isso em prática.

Se as respostas "sim" e "não" estarem mais ou menos equilibradas, você mais uma vez se encontra num dilema. Porém: isso o autoriza a lamuriar-se. Continue trabalhando para destruir o equilíbrio. Tanto numa como na outra direção. Do jeito que você quiser.

Viva intensamente o "terror da autorrealização"

Hoje em dia, você supostamente pode ser tudo que quiser. Que promessa!

Piloto de fórmula 1, bailarina, lixeiro ou *coach*. Imagine o que quiser, sonhe o que quiser: Cada um pode viver o seu sonho. Você está pesando 250 quilos e tem uma altura de 1,37 metros, e quer ser modelo da Dior? Viva a sua visão! Hoje em dia tudo é possível.

Você quer escrever um roteiro cinematográfico porque sempre gostou de comer pipoca e está secretamente apaixonada por Johnny Depp. Bem, mas você é analfabeta. Isso não importa! Você gostaria muito de fazer anúncios comerciais de produtos para cabelos. Bem, mas você é careca há anos! Mas quem é que dá bola para isso hoje em dia?

Alguma profissão que envolva meios de comunicação, de preferência apresentador de TV, isso seria a coisa certa para você. Pena que você não consegue decorar textos. Então tente um emprego na propaganda comercial ou nas artes gráficas. O seu daltonismo é o menor dos seus obstáculos.

Viva intensamente o "terror da autorrealização". Custe o que custar. Você não precisa nem do potencial nem da disposição para investir o tempo e a energia a fim de tornar-se o que deseja ser. Quem afirmar o contrário ainda não ouviu falar dos grandes poderes mágicos do "*Just do it*". Quem foi que disse isso, a Nike?

"*Life isn't about finding yourself. Life is about creating yourself* (A vida não é uma questão de você encontrar a si mesmo. A vida é uma questão de criar a si mesmo)." Exatamente! Cada um tem mais talentos e capacidades do que precisa. O contrário seria uma decepção, não é? Você pode conseguir tudo que acredita merecer. Você tem um direito ao sucesso. Talvez até vitalício. As vitórias caem na sua boca como frangos assados da cornucópia.

"Onde houver vontade, há também uma solução" – essas ideias conseguem até dobrar colheres; Uri Geller já demonstrou isso.

Você conseguirá o que quiser. Não há motivo para você partir para a ação. Você vive num restaurante *self-service* onde vendem o sucesso a quilo. Aqui, basta desejar. Às vezes, você também precisa abrir a boca. Mas precisa fazer alguma coisa? Isso não faz parte de seus planos de carreira.

Simplesmente seja você mesmo. Isso basta para ter sucesso. Pois você carrega dentro de si todas as possibilidades para tudo que deseja ser e como deseja ser. Maravilha.

No entanto, isso vale tanto para o bem quanto para o mal. Você pode ser um anjo que ama o próximo ou um ranzinza insuportável, você sempre é você mesmo. Por que deveria deixar de sê-lo em algum aspecto? Terror da autorrealização? Talvez sejam os outros que irão senti-lo, pois conhecem você muito bem! Você simplesmente continua sendo você mesmo. Em todas as facetas. Por favor, jamais cogite ser alguém diferente. Jamais reflita sobre a possibilidade de tornar-se uma pessoa diferente.

Entrementes você perdeu todos os amigos, vive como eremita e tem fama de estraga-prazeres? Se esse for o preço – *OK*. Você não pode ser diferente. Você simplesmente é você mesmo. Para algumas pessoas isso é terror. Você chama isso de autorrealização. Não há necessidade de se desculpar por isso.

O camaleão

Todos são gênios. Mas se você julgar um peixe pela sua capacidade de subir numa árvore, ele passará a vida acreditando que é estúpido e inútil.

ALBERT EINSTEIN

Virtudes precisam do ambiente adequado para se desenvolver. Seu portfólio de virtudes corresponde ao catálogo de exigências do perfil do emprego?

Às vezes tentamos nos adaptar com todas as forças a um ambiente que não combina conosco. Procuramos as razões da nossa insatisfação. Mudamos nossas estratégias. Negamos nossas virtudes e nossos talentos. Tentamos nos tornar outra pessoa, porque assim como somos aparentemente não conseguimos ser bem-sucedidos naquele lugar. Mas talvez não sejamos responsáveis por isso. É possível que, nesse ambiente, nossas capacidades simplesmente não estejam em demanda naquele momento. Poderíamos nos reinventar ininterruptamente ou nos esgotar tentando. Não faria sentido. Nosso tipo simplesmente não está em voga. Nessa situação, já é um alívio reconhecer que o problema não reside em nós nem em nossas qualidades, mas na demanda. Sua oferta simplesmente não corresponde à demanda.

Nessas situações, pode fazer sentido pensar na possibilidade de trocar o ambiente. Caso contrário, a batalha diária para encontrar seu lugar pode levar a um desgaste destrutivo de energia.

Eddie the Eagle

Simon Ammann, quatro vezes vencedor olímpico de salto de esqui, era tido, no início da sua carreira, como o "Harry Potter" dos ares. Uma imagem que, provavelmente, não foi ele mesmo que criou. Existem saltadores que, como ele, também são bons no voo de esqui. Outros são considerados puros praticantes do voo de esqui. Como praticantes do salto de esqui, eles atingem uma boa média. Puros praticantes do salto sem talento especial para voos mais longos não são raridade. Os que dominam todas as modalidades conseguem amealhar sucessos em todas as competições do ano. Os especialistas, em contrapartida, não são uma revelação em todas as rampas. Os que praticam o salto de esqui parecem albatrozes na rampa alta do voo de esqui. Puros praticantes do voo de esqui, em contrapartida, fracassam na rampa normal.

Quem ainda se lembra de *Eddie the Eagle*? (Eddie a águia.) Sem ser especialista em nada, ele se jogava destemidamente de toda e qualquer rampa que estivesse ao seu alcance. Ele era uma espécie de “terror da autorrealização”. Uma experiência limite, mas animal exótico no ambiente errado ele garantia entretenimento.

5

Resolva os problemas sempre com a mesma maneira de pensar que os originou...

...e eles vão durar mais

Transformamo-nos naquilo que pensamos

Cada um dos problemas que eu já tive foi criado por mim mesmo.

E você? Você talvez tenha um problema de emprego, um problema de dinheiro, um problema de relacionamento?

Marco Aurélio disse: “Nossa vida é o produto dos nossos pensamentos”.

Tudo o que podemos imaginar figuradamente também é possível na realidade. Pensamentos se convertem em palavras e palavras em atos. E num piscar de olhos estamos na enrascada. Tanto para o bem quanto para o mal. Sorte e azar. Sucessos e fracassos. Vitórias e derrotas.

Para continuar no caminho já trilhado, dou-lhe o seguinte conselho: Jamais mude de ideia! Se você não quiser o que jamais teve, faça tudo como vem fazendo. Caso contrário, é capaz que você o consiga.

Preserve as dúvidas sobre si mesmo e sobre suas virtudes e talentos. Simplesmente continue sendo você mesmo.

De modo algum desenvolva uma nova visão para a sua vida. Você fracassará no mais tardar quando fizer o teste de realidade.

Sempre foi assim, assim o é no presente e assim será também no futuro.

Você é o resultado do seu modo de pensar e das decisões e iniciativas que dele resultam.

Dizem que Margaret Thatcher citou o escritor inglês Charles Reade da seguinte maneira: "Cuidado com seus pensamentos: eles se transformam em palavras. Cuidado com suas palavras: elas se transformam em ações. Cuidado com suas ações: elas se transformam em hábitos. Cuidado com seus hábitos: eles se transformam em caráter. Cuidado com o seu caráter: ele se transforma em seu destino. Transformamo-nos naquilo que pensamos!" Você se encontra do lado dos perdedores? Talvez você simplesmente se vê assim e coloca essa imagem em prática de modo coerente, visando corresponder ao que pensa de si mesmo. Você se tornou um perdedor porque há anos você mesmo proclama isso e vive desse jeito.

Para provar isso, está aí a sua capacidade de agir no indefinido. Você se sente em casa com os verbos no subjuntivo: "seria, poderia, deveria, teria". Você é o especialista do "sim, mas..." e o profissional do "se... então...", bem como o campeão mundial do "ou... ou".

O prefixo "in-" é seu companheiro diário: incapaz, inseguro, intransigente... inalterável.

Você sabe por experiência própria que o pensamento influencia a linguagem e o agir. Seu pensamento criou um fato que é apoiado e sustentado por palavras e comportamento. O que você pensa e diz gera realidade. Há décadas.

Trata-se de uma espécie de magnetismo: modelos de pensamento e comportamentos atraem a vida correspondente. Um pensamento limitado gera resultados e sucessos limitados.

O método de inversão

Jamais resolva os problemas com o mesmo modo de pensar que os originou.

ALBERT EINSTEIN

Tente pensar o contrário daquilo que lhe parece correto. Jogue mentalmente a bola na direção contrária ao rumo que está seguindo. Isso o ajudará a passar da contemplação do eu para a assim chamada metaposição. A partir daí você será capaz de "dobrar a esquina com o seu pensamento". Porque você passa a enxergar o problema como observador externo. Mudar a perspectiva pode produzir conhecimentos esclarecedores. Às vezes, pode ser útil levar a sua ao grotesco e absurdo (o pior que pode acontecer; o melhor que pode acontecer) para, mediante uma boa risada, obter uma visão nova da problemática.

Licença para vencer

Havia um saltador de esqui que me passava a impressão de que ele mesmo estava obstruindo seu caminho. Ele era amigável, comunicativo, construtivo e até simpático! Por um tempo, pareceu-me que lhe faltava o gene do vencedor. De repente, percebi:

ele precisava da permissão para ser um vencedor. Ele queria tanto preservar a harmonia que havia relegado ao último lugar seus próprios desejos e objetivos. Na briga de galo pela hierarquia na equipe, ele era indulgente e brando. Então, em algum momento, ele caiu numa crise de motivação. Em todos os saltos, ficava em último lugar. Não havia mais desculpas: precisaria ou pendurar "as chuteiras" ou ousar um recomeço. Quando se deu a "permissão para vencer", ele reorganizou todo o seu entorno. Ele tomou decisões, aguentou as consequências e se reinventou. Ele voltou uma fera. Louco por uma boa briga. E além disso continuou brincalhão e charmoso. Foi então que ele ganhou a *Vierschanzentournee*.

Business as usual

Sou quem sou hoje por causa das decisões que tomei ontem.

ELEANOR ROOSEVELT

Muitas vezes, dizemos o que não queremos que aconteça. Isso lembra a pegadinha do elefante cor-de-rosa: "Não pense num elefante cor-de-rosa!" E é exatamente isso que fazemos.

Alguns conselheiros sugerem que é melhor formular sempre em termos positivos o que você quer que aconteça, para assim criarmos a realidade desejada. Em vez de dizer o que não deve acontecer, devemos começar a descrever aqui e agora o que queremos que aconteça.

Um amigo meu quis participar de uma turnê de alpinismo que representava um desafio para ele. Ao partir ele disse: "Tomara que eu não despenque do alto". Pedi que ele formulasse isso de outro modo. "Vou chegar ao cume", foi sua pronta resposta. Abstraindo do fato de que o cérebro humano não é capaz de conceber a palavrinha "não", o desejo por trás das frases é o mesmo.

Isso faz sentido? Isso é discutível.

Só o fato de você mudar seu modo de pensar e falar sobre isso ainda não mudará muita coisa. Há quem afirme: "Palavras são atos". Aqui, isso não se aplica. Uma declaração de vontade dissociada de um agir concreto serve apenas como álibi. Fica sem efeito. É passar a perna em si mesmo. É como um fumante que declara querer parar de fumar, mas que não adequa seu comportamento a essa vontade.

Não mude nada no que faz e tudo ficará como está.

É bom saber. Tranquilizador, de certa maneira.

Você vive suas rotinas. Você tem a vida que tem porque sempre agiu como agiu. Não fez experimentos.

Todo mundo fala o tempo todo da necessidade de... mudar. Todos queremos saber como podemos nos mudar.

A resposta: Nós mudamos quando nos mudamos.

Refletir, decidir, agir. Este é o caminho em direção ao processo. O resto é consequência. O mais importante é que você se mexa.

Mude seu entorno, seu quadro de referências e seu mundo. Profissão, amigos, residência, cidade, férias, livros, música, filmes, comida...

Mas quem é que consegue fazer isso? Tudo isso nada mais é do que uma bela fantasia!

Não é uma opção para você. Vale o que sempre valeu: *Business as usual!*

Tolerância à insegurança e eficácia própria

Um navio está seguro quando está no porto,
mas ele não foi construído para isso.

WILLIAM G.T. SHEDD

Queremos segurança e controle. Principalmente durante períodos de mudança. Isso é contradição em si. Quanto mais valorizarmos o desenvolvimento de nossas capacidades, tanto maior será a confiança que podemos depositar na nossa própria eficácia. Quanto mais experiências fizermos, tanto maior o será o número de histórias de sucesso que podemos apresentar como prova da nossa eficácia. Quanto maior o número de situações ameaçadoras que tivermos dominado, tanto maior a quantidade de pontos que teremos somado no âmbito da nossa eficácia. A confiança no êxito e a pouca preocupação com o fracasso nos animam a deixar a zona de conforto para avançar na zona de risco.

Torne-se consciente de sua eficácia própria. Reúna provas das estratégias que você adotou até este momento para sobreviver na zona de risco – e tenha-as diante dos olhos especialmente em épocas de crise, mas também em tempos de insegurança.

A mudança permanece

Qualquer que seja a razão: Acredita-se que os saltadores de esqui têm fobia a mudanças. Por um lado, isso se deve ao fato de eles serem obrigados a agir permanentemente na zona de seus limites. "Onde outros nunca estiveram e além" diz a estampa nas camisetas de Gregor Schlierenzauer. Nesse esporte, a autossuperação faz parte da atividade cotidiana. Nada acontece sem riscos. Só que também existe o desejo compreensível de segurança e controle. Sem esses fatores, é difícil alguém subir na rampa. Tudo mais seria uma espécie de comando suicida.

Por outro lado, a disposição de mudar é uma chave para o sucesso no salto de esqui. É só observar o desenvolvimento do estilo dos saltos para perceber isso. Antigamente saltava-se com os braços estendidos para frente. Depois, os braços passaram a ser posicionados ao longo dos quadris. A posição paralela dos esquis no ar cedeu a uma posição em V. O material é objeto de constante otimização: a liga, o comprimento do esqui ou o traje do saltador. Aqui fica evidente: a mudança permanece!

Largar? É melhor segurar!

O caminho não é o objetivo. O objetivo é o objetivo. Isso quer dizer que é preciso mantê-lo constantemente em vista e buscá-lo até a exaustão. Se alguém afirmar: "Tente alcançar seu destino como se não tivesse destino!", ri dele. Isso é uma pseudossabedoria zen, que nada entende da ambição esportista. Isso não é nada para você. Temas como diligência ou confiança na rotina e no processo são palavras estranhas para você. "Largar para chegar." Isso soa mais como uma dica extraída de um manual sexual. Para você isso é e permanecerá um paradoxo. Isso parece vir de pessoas que não têm ambição verdadeira.

Você, todavia, olha fixamente para o seu objetivo com a faca entre os dentes: obstinação que causa espasmos e sangramento das gengivas. Este é o seu procedimento. Seus resultados não chegam a ser histórias de sucesso, mas você, pelo menos, tentou. Ninguém poderá acusá-lo de não ter tentado. Talvez, você quis demais, mas isso é parte do seu programa de fracasso. Continue assim!

Fio da meada II

Exercício para duas ou quatro pessoas

Exercício para duas pessoas: O indivíduo A conta uma história. O indivíduo B propõe tarefas simples de cálculo. O indivíduo A comunica os resultados sem perder o fio da meada.

Exercício para quatro pessoas: Os indivíduos A e B conversam sobre um tema qualquer. Os indivíduos C e D são os que propõem as tarefas de cálculo: C para A, D para B. A e B respondem às tarefas sem interromper o fluxo da conversa.

Exemplo:

A: O esporte é supervalorizado.
B: Gosto de esporte. Estou treinando para a maratona.
C para A: 5 x 8.
A: Não gosto de correr, a não ser que eu tenha um objetivo claro, como uma loja onde posso comprar algo. Certa vez, percorri 40 quilômetros para comprar uma bolsa de mão.
B: Mas a corrida já basta como objetivo.
D para B: 34 - 7.
B: 27 foi o meu número de largada na maratona de Berlim.
C para A: 67 + 33.
A: Já me propus 100 vezes: a partir de hoje vou praticar esporte.
Etc.

Objetivo: Aqui, o objetivo (palestra / diálogo) é alcançado sem a necessidade de concentrar-se intensamente nele. Em forma de brincadeira, as tarefas adicionais são incorporadas. O pingo no i é a integração do conteúdo nos diálogos de modo a fazer sentido. A cabeça mostra um alto desempenho em diversos níveis: falar, escutar, calcular, comunicar, integrar, priorizar.

Poder em vez de querer

Gregor Schlierenzauer fala da seguinte necessidade: "Poder em vez de querer!" Isso se refere exatamente ao desafio de, em situações de pressão, enfrentar a pressão com leveza e desembaraço, em vez de se deixar dominar por ela. No momento do salto, no canto da rampa, o saltador frequentemente corre o risco de querer demais. Em vez de simplesmente deixar o salto acontecer, o atleta tenta extrair tudo de si e das condições. O que, por si só, não é a pior coisa que pode acontecer. Só que, quando se quer demais, é possível que, em frações de segundo, o saltador estrague seu sistema de voo. O colchão de ar se vai e o esquiador cai em linha vertical. Fim de papo

Nesse ponto, a distração pode ser uma experiência interessante. Durante o treino, antes de iniciarem sua descida pela rampa, mostramos aos saltadores tarefas de cálculo, cujo resultado tinham de gritar na hora do salto. Isso desviou seu foco e a pressão. O comprimento do salto teve no mínimo a mesma qualidade que teria se tivessem se concentrado nele. Ideal para um salto bem-sucedido é a confiança nas capacidades e nos saltos treinados milhares de vezes. Melhor ainda quando as coisas acontecem como se estivéssemos "na mão de Deus", afirma Toni Innauer, o ícone austríaco do salto de esqui. Nesse caso, tudo acontece como que automaticamente. Sabemos exatamente o que deve ser feito como e quando. O corpo conhece a solução. A cabeça ajuda. Parece magia. No modo do autoesquecimento, fazemos aquilo que melhor sabemos fazer, com a maior naturalidade e uma soberania fascinante: salto de esqui na classe *master*. Uma coreografia do inconsciente?

Pense grande? Pense pequeno!

Nosso modo de pensar influencia nossa vida. Nossa atitude em relação a profissão, dinheiro e sucesso determina o que receberemos no final.

Sua vida é uma espécie de exposição de suas posturas. Todos podem vê-las. Você também deveria fazer isso. Assim, você poderia reconhecer como e por que sua vida é como é neste momento. Tudo o que você diz e faz, seu comportamento, suas falas e sua aparência – tudo isso evidencia as consequências de sua atitude.

Se você estiver insatisfeito com os resultados de sua vida, deixe tudo como está. Você está nesse ponto de sua vida por uma boa razão. Talvez você precise dessa experiência. E não há razão para se preocupar: tudo pode ficar ainda pior. Prometo. Ou cada vez melhor? Nada permanece como é. Nem numa nem na outra direção. Isso deveria deixá-lo inquieto.

Check-up da profissão

Verifique seu modo de pensar em relação à vida que está levando neste momento e ao que você realmente acha que deve ganhar.

Numa escala de 0 ("muito ruim") a 10 ("melhor impossível"): como está sua situação atual quanto a dinheiro / reconhecimento / *status* / sentido / aventura / equilíbrio entre trabalho e vida privada / condição física / família e vida romântica / relacionamento com colegas / círculo de amigos / sucesso / motivação?

O que você acha que você mereceria ter nos diversos âmbitos mencionados? Verifique isso igualmente numa escala de 0 ("absolutamente nada") a 10 ("sem limites").

~ Em que pontos os números batem?
~ Que diferenças chamam a atenção?
~ O que você acha que está bem como está?
~ Onde você se sente insatisfeito?
~ O que você pode fazer concretamente? O que você realmente quer fazer?
~ O que você realmente fará?

Sentido?

Num *workshop* com os saltadores, conversamos sobre diferentes aspectos de sua profissão. Entre outras coisas, pedimos que fizessem a seguinte avaliação: "Como estou me sentindo agora em determinadas áreas numa escala de 0 a 10?" Uma das áreas dizia respeito ao sentido daquilo que faziam. Um dos saltadores nem mesmo entendeu a pergunta. Sentido? Que sentido ele deveria dar à sua atividade esportiva?

Essa é uma observação interessante. Quando não vejo sentido nem propósito naquilo que faço diariamente, a coisa pode se tornar crítica no que se refere à motivação e às perspectivas de sucesso. Exige-se demais de um atleta de elite. O preço que ele precisa pagar é muito alto. Muitas vezes, é a sua cabeça que decide sobre sucesso ou fracasso. As vitórias são conquistadas na cabeça. E as derrotas também.

Evite acreditar na sua autoeficácia

Não chore pelo passado; ele passou. Não se estresse por causa do futuro; ele ainda não chegou. Viva o presente e faça com que ele valha a pena ser vivido.

GEDANKEN-BUBBLE-TEA FÜR AKADEMIKER

Preocupações não são desperdício de energia. É verdade que o passado não pode mais ser mudado, mas o futuro também não está em seu poder. O presente esteja talvez em grande parte sob seu controle. Mas você não acredita realmente nisso. Preocupações são um produto da fantasia, mas não só. Elas estão fundamentadas em suas experiências. Você não tem o controle sobre sua vida nem sobre o mundo mau. Você é vítima e uma folha ao vento. Tudo o que você é capaz de imaginar pode acontecer. Alimente-se com imagens negativas; assim, pelo menos você estará preparado para o que vier. Concentre-se naquilo que você não quer que aconteça.

Existem os otimistas pessimistas. Eles partem da pior hipótese. Quando esta não se concretiza, eles ficam aliviados, mas por pouco, muito pouco tempo. Há também os pessimistas puros, que nem mesmo conseguem se alegrar quando o pior de fato acontece. Você é um desses? Não desperdice seu tempo com aquilo que você realmente quer. Isso significaria programar a frustração. Não se concentre nos seus mais belos desejos e não dê atenção aos seus devaneios construtivos. Não se torne ativo nesse sentido. Pois, na realidade, você já está levando a vida que você deseja no fundo do seu coração. Porque você está totalmente concentrado nas suas preocupações.

Palavra por palavra

Exercício para duas pessoas

Os indivíduos A e B falam sobre um tema como se fossem uma única pessoa. Uma palavra de cada vez.

A começa com "eu", B continua com uma palavra, A prossegue com outra palavra, B complementa etc.

Exemplo:

A: Eu
B: gosto
A: do
B: porto
A: de
B: Hamburgo
A: especialmente
B: quando
A: está
B: chovendo
A: e
B: nevando
A: e
B: granizando
A: e
B: quando
A: chove
B: canivetes.
A: Ponto.
Etc.

Objetivo: Tanto A e quanto B desenvolvem uma ideia de como a conversa deverá se desenrolar; cada um deles pensa adiante. Contudo, o outro atrapalha o processo porque persegue sua própria ideia. Só quando deixam de se adiantar ao outro, a frase começa a ganhar fluência. Eles passam a escutar ativamente, concentram-se no momento presente e aceitam a oferta do outro como inspiração, não como embaraço.

Confie no momento presente. O presente é o lugar em que a maioria das pessoas se sente bem.

Selffulfilling prophecy

Muitos atletas visualizam o decurso dos seus movimentos. Há quem afirme saber já no momento da largada como será o resultado. Há os que vivenciam, nas suas visualizações, lampejos do fracasso, os momentos de susto e de insegurança. Frequentemente esses temores se convertem em atos. Quando em pensamentos, já perdemos metaforicamente a direção na curva, isso costuma acontecer também na realidade. *Selffulfilling prophecy*.

6

Problemas são chances espinhosas

Problemas são mais do que problemas

Se problemas realmente fossem apenas problemas, eles teriam de ser tratados como problemas. A responsabilidade seria sua. Com olhar adulto, postura soberana e o nosso próprio horizonte de experiências. Mas problemas são mais do que problemas.

Jamais devemos esquecer: problemas também têm seu lado bom. Num nível diferente. Acabamos crescendo com eles. E aprendemos para a vida. Esse modo de vê-los serve às vezes de consolo. Por essa razão, toda tentativa de resolver um problema significa boicotar a escola da vida. É preciso adoçar a realidade implacável da vida com essa visão de mundo. Os problemas são lições valiosas e por isso devem ser cuidados e cultivados. Resolvê-los diminui seu proveito e corta o efeito do aprendizado.

To reframe

To reframe significa colocar coisas e situações numa nova moldura, na qual apareçam de outra maneira. Quando penduro o mesmo quadro na parede, mas com molduras diferentes, o efeito pode ser bem diferente. Da mesma forma, podemos contemplar também vivências e experiências em outras "molduras". No caso de situações negativas, isso pode nos ajudar a lidar melhor com elas. Desse modo, os revezes são reinterpretados e vivenciados como experiências úteis e necessárias – como passo importante em direção ao sucesso. "Com as pedras que obstruem nosso caminho podemos construir algo belo."

Essa percepção permite elevar a nossa capacidade de lidar com frustrações. Não se trata, nesse caso, de esoterismo nem de fatalismo. Quando aplicada profissionalmente, essa técnica pode ser extremamente eficiente. No final das contas, as frustrações passam, então, a ser algo positivo!

Dois exemplos de *reframe*:

"Sempre sou obrigado a trabalhar sozinho." – "Isso é uma prova de confiança do seu chefe."

"Estou constantemente fazendo horas extras." – "Isso só mostra o quanto a empresa depende de sua competência."

A reversão do modo da "lamentação" pode ter um efeito libertador. A coisa pequena é transformada em coisa grande; a coisa grande, em pequena. Algo negativo é transformado em algo positivo mediante ênfase de um dos seus aspectos.

Desfrute e significado

Gregor Schlierenzauer se encontrava numa crise. Até então, suas vitórias nas copas mundiais pareciam ter sido conquistadas sem esforço, mas agora as coisas não aconteciam mais com tanta facilidade. Ele tentou os mais variados métodos. Sem qualquer êxito. O caçador de distâncias dava a impressão de ter perdido suas asas. Ele parecia outro, havia perdido sua naturalidade e autoestima. Agora, reinavam as dúvidas.

Até então Schlierenzauer sempre fora um tipo vencedor. Uma pessoa que sabia com exatidão, quase como uma máquina, o que era preciso fazer para vencer. Ele pessoalmente, porém, jamais falaria de si mesmo como máquina. Prefiramos falar, por essa razão, de uma consequência lógica na hora de agir. De uma intuição certeira genial. Agora, porém, ele havia aterrissado brutalmente no duro chão dos fatos.

Quando tudo dá certo, ninguém pergunta como exatamente aquilo levou ao sucesso. Só quando as coisas começam a dar errado, começamos a investigar aqui e ali. Schlierenzauer não estava acostumado a perder. "Grandes esportistas precisam aprender a perder", ele ouviu de todos os lados. "Só quem sabe perder sabe também ganhar", concluíam seu pensamento.

Assim, chegamos ao tema central: o desfrute. Alguém que consegue tudo supostamente sem grande esforço aceita isso numa boa. No entanto, ele é incapaz de realmente apreciar suas conquistas. Vitórias são algo normal. Alguém que, em razão de seu grande talento, tende muito rapidamente a entediar-se e a exigir de si menos do que poderia, acha difícil valorizar adequadamente suas conquistas e não vê-las como algo óbvio. Focar no prazer, aprender a desfrutar, passou a ser seu novo desafio. Isso naturalmente não é possível sem perguntar pelo sentido das coisas. O que torna relevantes as vivências e experiências? Quando as vitórias são significativas? Quais são elas concretamente? E por quê? Recomendei a Gregor Schlierenzauer este livro: *Nada – o que importa na vida*, de Janne Teller*. Ele trata exatamente desses temas.

---

* Ed. bras.: *Nada*. Rio de Janeiro: Record, 2013 [N.T.].

O saltador de esqui se despediu e partiu para a temporada em curso. Não deixou, porém, de dizer-me quais as respostas que ele havia encontrado para si.

Que parte do "não" você não entende?

No filme *Sim Senhor!*, um homem decide fazer um experimento com base numa intervenção de *coaching*. Ele se proíbe de dizer a palavrinha "não". A vida é uma sequência infindável de decisões. O tempo todo, precisamos concordar ou não com alguma coisa. Aceitar ou recusar uma oferta. Dar permissão. Para si mesmo e para outros. Normalmente, o ser humano é visto como um ser que gosta de dizer "não". Novas situações, tarefas e questionamentos são percebidos como ameaças. Nesse nível, reina o medo de perder o controle. A sensação de segurança parece ameaçada. É por isso que inovações muitas vezes são recusadas. Isso reduz o risco.

A decisão de partir para a ofensiva e permitir novas experiências por meio de um simples "sim" devolve a aventura ao homem do filme. A sua vida toda se transforma em aventura. A desgraça toma o seu curso. Sempre só dizer sim é, no mínimo, tão destrutivo como sempre só dizer não. É uma atitude extremamente arriscada. A solução é a busca por um equilíbrio saudável. Apenas pessoas com estômago forte deveriam cogitar a possibilidade de adotar esse plano e seguir o caminho da decisão situacional, se possível espontânea, do "sim" *ou* "não". Todos os demais, também você, portanto, deveriam se restringir a um claro e resoluto "não". Sempre. E "não" quer dizer "não". Nada de futricar no sentido. A decisão é inabalável. Qualquer tentativa de afastar-se dessa negativa é esforço inútil. Que parte do "não" os menos retilíneos não entendem propriamente?

"Sim, mas..."

Os indivíduos A e B representam papéis numa situação de reclamação. Um dos dois apresenta a queixa, o outro recebe a queixa.

O indivíduo A formula a queixa. B começa a resposta com "sim, mas...". A também responde no mesmo tom, iniciando sua resposta com "sim, mas..." A partir daí, ambos continuam usando sempre o "sim, mas..." como abertura à sua resposta no diálogo.

Exemplo:

A: Comprei essas canetas aqui ontem. Estão todas secas.
B: Sim, mas isso não pode ser.
A: Sim, mas olhe você mesmo.
B: Sim, mas isso não é da minha competência.
A: Sim, mas foi você que me vendeu as canetas.
B: Sim, mas talvez naquela hora o produto ainda estivesse em ordem.
A: Esse "sim, mas" não nos levará a lugar nenhum.
B: Sim, mas talvez você não as tenha guardado de maneira correta.
A: Sim, mas isso é inacreditável.
B: Sim, mas e se eu tiver razão!
A: Sim, mas não vou aceitar isso calado.
B: Sim, mas é preciso usar profissionalmente os instrumentos que temos.
A: Sim, mas isso é o cúmulo. Quero falar com seu superior.
B: Sim, mas ele está no almoço.
Etc.

Nesse caso, desenvolve-se algo que chamamos de escalada simétrica. Por meio da aparente anuência expressada pelo "sim" e a rejeição pelo "mas" que segue de imediato, surge no interlocutor uma forma de agressividade. A e B elevam o tom numa espiral retórica. "Sim e não" não constituem uma forma construtiva de comunicação. Isso praticamente impossibilita chegar a uma solução construtiva.

A divisa é "ou-ou". Diga "sim" ou "não". Se for isso que você quer dizer. Ou: "Sim, dou-lhe razão, *e* minha ideia sobre isso é...". Esqueça a palavra adversativa "mas" e recorra a uma palavra de ligação: "e". Só assim a outra pessoa estará disposta a ouvir sua frase até o final.

Lixo mental e eliminação do lixo

Dar permissão. A si e a outros. Obter permissão. De outros. E de si mesmo. Esses são os instrumentos mais importantes no convívio com regras restritivas que nós mesmos estabelecemos.

Num belo dia, um esportista acorda e pensa: "Não consigo ganhar mais de três vezes em cada temporada. Isso sempre foi assim. Mas estamos apenas no começo da temporada e já subi ao pódio três vezes. E agora? Na verdade, eu poderia ir para casa. Não há mais nada a ganhar. Não posso mais ganhar". Isso é uma lei. Ou superstição. No mínimo, é um beco sem saída.

Diante disso, é uma grande ajuda obter (ou dar a si mesmo) a permissão de mudar as regras. De reescrevê-las. Ou de eliminá-las completamente. Talvez você possa substituí-las por outra regra menos restritiva: "Consigo vencer em cada temporada. Subirei ao pódio pelo menos três vezes. Só para começar". Se, então, seus amigos e colegas fortalecerem essas virtudes e o lixo mental for relativizado por ser um tema de conhecimento geral, não mais sendo, portanto, algo especial, o atleta pode voltar a se apaixonar pelas vitórias.

Seja perfeccionista!

"Erros são *feedback*. Veja o fracasso como chance."

Não no seu caso. A sua cultura em relação a erros se resume a poucas palavras: "Perfeição ou nada". Assim que surgirem os primeiros questionamentos ou uma possibilidade do fracasso, você imediatamente puxa o freio de mão. Você tem tudo sob controle. Falhas são expressão de fraqueza. Fracassar é sinal de incapacidade. Contudo, se mesmo assim, por alguma razão, acontecerem quaisquer erros, suas fontes de erro não são analisadas, mas encobertas. Ninguém jamais deverá descobri-las. Aprender com os erros significaria admitir que eles existem. Ninguém quer ser o causador dos erros. Portanto, se você não conseguir evitar os erros, você os esconde. Se mesmo assim os erros vierem à tona, eles serão simplesmente negados.

Nem lhe ocorre extrair conhecimentos e tirar consequências da experiência. Erros como campo de aprendizado para seu crescimento pessoal? Absurdo. Erros são erros. Um fracasso pessoal. Desnecessários, constrangedores e prejudiciais à imagem. Ninguém precisa de erros. Embora há quem diga que errar seja perfeitamente humano. Nesse caso, você prefere ser desumano. Um ser humano máquina. Mesmo que esse pensamento cause bilhões em prejuízos pelo mundo afora, isso não é problema seu. Você é perfeccionista.

O ABC das virtudes

Anote para cada letra do alfabeto uma virtude, um talento e/ou uma habilidade. Além disso, anote também momentos de sucesso, os assim chamados *moments of excellence* (momentos de excelência). Se você se lembrar de coisas, ambientes, pessoas e vivências que lhe fazem bem e o deixam à vontade, acrescente-os à lista.

Isso é um baú cheio de recursos. Nas horas sem brilho e tristes de autodúvidas, abra o baú. Isso lhe fará bem. Pois é justamente nas horas mais difíceis que perdemos o contato com aquilo que nos edifica.

Exemplo:

A-nalisar
B-asquete
C-harme / C-arisma
Etc.

Erros como experiências

Os atletas estão acostumados a serem sempre criticados. Análises de erros dos resultados dos treinos fazem parte do dia a dia. As discussões sobre os pontos fracos e a tentativa de transformá-los em virtudes fazem parte da metodologia. Dificilmente um atleta conseguirá escapar desse fogo cerrado de *feedback* negativo. Muitas vezes, isso gera uma atmosfera de trabalho tensa e sombria. Ter que lidar com o fracasso o tempo todo não é uma existência muito atraente. Fracassados dificilmente espalham bom humor. Quando o atleta volta para o *training* ou vai para a competição, ele está ciente da fonte de erros. E tem a missão de erradicar os erros. O objetivo é que o esportista aja sem cometer erros; supostamente, é só assim que ele pode estabelecer novos recordes. A base do sucesso é, portanto, evitar erros.

Ora, existem atletas que não são máquinas perfeitas. Tampouco querem ser. Eles ficam tensos diante da tarefa de evitar erros. Pois a concentração necessária para evitar os erros os provoca necessariamente. Essas pessoas odeiam o conceito de "erros"! Nesse caso, torna-se imprescindível uma nova visão das coisas. Uma nova terminologia para os erros, como, por exemplo: "O atleta faz experiências". Não existem fracassos, apenas lições. Isso o liberta e lhe permite concentrar-se em suas virtudes. Porque, ao aceitar erros como experiências, eles ocorrerão com menos frequência, já que ele não está procurando evitá-los. Paradoxal, mas útil.

Um atleta sintetizou isso para si mesmo da seguinte maneira:

"Meu treinador disse que não devo me preocupar com a largada. Minhas virtudes residem em outros pontos. É neles que eu preciso me concentrar. E foi o que eu fiz!'

Desperdice seu tempo identificando obstáculos

Talvez não exista nenhum...

> *Como você complica a sua vida:*
> *Se sentir falta de alguém: não busque contato.*
> *Se quiser rever alguém: não o convide.*
> *Se quiser ser compreendido: não explique nada.*
> *Se tiver perguntas: quem pergunta é burro.*
> *Se gostar de alguém: jamais deixe transparecer.*
> *Se desejar algo: não fale sobre isso.*
> *Se amar alguém: não permita que alguém perceba.*

Parta do pressuposto de que os outros podem ver o que lhe passa pela mente. Há quem leia pensamentos. É sempre melhor esperar coisas ou comportamentos do que expressá-los. Você já tem o "não"; para que ainda precisa de um "sim"?

No final das contas, lamentamos as chances que não aproveitamos. Inclusive os relacionamentos que não desenvolvemos. E as decisões que tomamos quando já era tarde.

Se isso não for um aviso que promete...

Mudança de perspectiva

Agora inverta as declarações feitas acima. Coloque-as de ponta-cabeça!

Leveza

Há determinados momentos na vida do atleta em que ele acorda e sabe: "É hoje!" A competição de hoje será um passeio. O atleta se sente invulnerável. Em alguns, essa sensação de soberania absoluta se espalha pelo peito, em outros pela barriga. Uma sensação boa. Cada ato é executado com segurança sonambúlica e coerência lógica.

Os esquiadores austríacos ganharam quatro vezes seguidas o torneio da *Vierschanzentournee*. E toda vez foi um saltador diferente da seleção austríaca que conquistou o troféu. Eu estive presente em cada final em Bischofshofen. Eu tive a impressão de que esses atletas a caminho da vitória estavam envoltos numa espécie de aura. Algo especial irradiava deles, uma mistura de tensão, descontração e concentração. Leveza lúdica. Uma certeza absoluta de estar no caminho certo. A qualificação na véspera, os exercícios de aquecimento, as refeições, as conversas entre colegas e à mesa, a própria concorrência: tudo exalava tranquilidade e harmonia. Enquanto isso, o mundo dos espectadores e da mídia quase explodia em sua volta. Uma atmosfera zen. Quando perguntei a Wolfgang Loitzl, na noite após sua vitória no torneio, qual havia sido a receita do seu sucesso, ele arregalou os olhos e sorriu como uma pessoa em perfeito equilíbrio: "Não faço ideia. Tudo simplesmente se encaixou!"

Por que o fracasso é relevante

O tempo todo agimos como se não soubéssemos melhor. Vivemos de maneira pouco saudável em todos os sentidos. Aparentemente, buscamos a felicidade por meio de decisões contraditórias e de um comportamento inconsequente. Vivemos como criminosos reincidentes sem sentido nem bom-senso. Maus hábitos têm vida longa. Eles sobrevivem a qualquer boa vontade. Pelo visto, isso é uma lei da natureza. Não deveríamos nos rebelar contra isso. Seria desperdício de tempo e energia.

Cada um de nós conhece dias em que seria melhor ficar na cama. Ou em que nos levantamos com o pé errado. Ou em que fomos pegos no contrapé e só fizemos besteira. Se isso não lhe acontecer de vez em quando, é provável que esteja morto.

Mas todos nós lidamos com isso de maneira diferente. Provavelmente, você leva o seu fracasso consigo por onde quer que vá. Você exala a aura da derrota. Relaxar é um tabu. Por quê? Porque você nunca tem certeza se realmente fez tudo ao seu alcance para alcançar seus objetivos. É por isso que as autodúvidas nunca se calam. E isso é bom. Por que você deveria ser diferente da maior parte da população? Não há justificativa para o seu fracasso. Jamais. Outros afirmam: "*Shit happens!*" A vida é assim mesmo! Mas você não consegue aceitar isso.

Se o fracasso tiver algum sentido, ele serve para nos preparar para outros fracassos. De resto, ele não nos traz nenhum proveito. Você reclama. E nega a derrota. Você investe tempo acusando a si mesmo. Você se recusa a assumir a responsabilidade. Você procura culpados. Você se esbalda na análise do problema. Você resmunga e se revolta. Um prazer que aprofunda o problema. A única coisa que você não tenta: resolver o problema. Você decide não enfrentar o problema ativamente. Focar sua atenção nele e tomar alguma medida seria uma possibilidade. Mas isso não é uma opção para você. Pois nesse caso você alteraria a situação problemática que você mesmo criou.

Naturalmente, você sabe que os problemas sempre surgirão na vida. Portanto, você não precisaria investir toda sua energia para preservar o problema atual. Mas será que você pode mesmo ter certeza disso? Existe realmente uma garantia de que os problemas jamais se esgotarão em sua vida? Você não quer correr o risco de subitamente ficar sem nenhum problema. Afinal, o que seria de você sem um problema? Um ser humano pela metade. Terrível!

21

Exercício em grupo

O grupo se levanta e fica ombro a ombro. Os olhos estão fechados. A tarefa consiste em contar até 21 dentro do grupo. Sem discussões e acordos prévios. Cada um pode falar um número. Cada um pode falar o mesmo número mais de uma vez.

Quando dois participantes falarem um número ao mesmo tempo, tudo volta ao início. Não há limite de tempo para esse exercício.

Objetivo: Lidar com impulsos. Focar no momento e estar atento ao entorno. Um ambiente que não deve ser percebido como incômodo é uma chave para o sucesso. O fracasso logo gera a frustração. Quanto mais se avança, mais aumenta a pressão, tanto para o indivíduo quanto para o grupo. Voltar ao início com motivação sempre renovada e não desistir diante de obstáculos é desafiador. O que conta é a persistência e a coerência. Quando o grupo consegue chegar ao 21, o alívio se expressa no júbilo conjunto sobre a conquista.

Keep your focus

O esporte de elite não é um baluarte da justiça. O atleta pode ter se preparado da melhor maneira possível para todas as eventualidades. As coisas nunca acontecem da forma como esperamos. Há mil aspectos que escapam ao nosso controle. O tempo, o vento, a forma do dia, o bom Deus.

Quando a vitória de Gregor Schlierenzauer estava em jogo na final da *Vierschanzentournee* em Bischofshofen, eu compareci ao local. Depois do almoço, conversamos, entre outras coisas, sobre "lixo mental". Ou *mindfuck*. Um tema totalmente estranho a Schlierenzauer. Em todo caso, era o que dizia. Bem-aventurado aquele que não precisa lutar contra isso. Principalmente numa situação de alta pressão como a final do *Vierschanzentournee*. A caminho para a rampa, mostrei-lhe minha pasta com o adesivo "*Keep your focus*". Combinamos que eu o confrontaria com isso na competição.

A competição foi cheia de altos e baixos nas condições climáticas. A disputa precisava ser interrompida constantemente. Schlierenzauer ganhou o torneio, mas certamente não do modo que imaginara. Após intermináveis horas de turbulências, ele foi declarado vencedor após a primeira rodada. Sem poder dar um último salto como vencedor do torneio no caldeirão de Bischofshofen, ele teve que descer sozinho no teleférico até o centro do estádio. Certamente ele havia imaginado algo bem diferente. À noite, ele me agradeceu por ter apelado ao adesivo na minha pasta. Ele disse que isso o ajudou a manter a concentração.

De modo algum deleite-se com pequenas vitórias

"Alegrar-se cedo demais é arrependimento na certa." Ou algo assim.

O que está em jogo é sempre única e exclusivamente o todo. Não deixe que o convençam de outra coisa. Quem perder de vista o todo maior já perdeu. Infelizmente ele muitas vezes parece estar a uma distância inalcançável e amedrontadora. Isso é assim mesmo e a intimidação faz parte do sucesso. Só quem sofrer para superar limites e saltar por cima de sua própria sombra possuirá a grandeza necessária para disputar os primeiros lugares.

O todo maior precisa de força de irradiação para exercer uma atração real. Se a atratividade não for suficiente, você deveria se dedicar a outro objetivo. Trata-se de alcançar o objetivo com botas de sete léguas. A política dos pequenos passos é algo para físicos que se tornaram primeiros-ministros. Não, seu ritmo é outro. Dar o primeiro passo antes do segundo já se parece mais com você. Ou dar vários passos de uma só vez. E, ao fazê-lo, tropeçar nos próprios pés ou pisar nos pés de alguém; bom, isso acontece. Encarar e celebrar os pequenos passos como vitórias em etapas lhe parece trair seu propósito. O caminho não é o destino. O destino é o destino.

Todos ao mesmo tempo

Exercício para quatro pessoas

Quatro cadeiras em fila. Cada um dos quatro participantes está sentado numa das cadeiras.

Num cartaz ou *flip chart* consta o seguinte texto:

Todos ao mesmo tempo
Levantar

Dar a volta na cadeira
Posicionar-se atrás da cadeira
Levantar a cadeira
Dar três passos para frente
Colocar a cadeira no chão
Voltar para a frente da cadeira
Sentar

A tarefa deve ser cumprida sem falar com os outros. Às vezes, é necessária uma troca de experiências para cumprir a tarefa. E às vezes é preciso desenvolver uma estratégia conjunta.

Objetivo: Quando os participantes conseguem cumprir a tarefa mediante o direcionamento da atenção para a respiração como impulsionador comum, surge uma espécie de "dança cinética", uma coreografia muda mágica no compasso dos impulsos. A concentração gera uma tensão no espaço a ponto de arrebentá-lo. O foco é imenso. Um bom exemplo de quando tudo está fluindo bem.

Espírito de equipe

Os saltadores de esqui gostavam de usar esse exercício para se preparar para as competições em equipe. A sincronização gera consciência e atenção, espírito de equipe.

7

Você não tem problemas, você é o problema

Pensamento positivo é para os covardes

Muitos livros de *coaching* afirmam: basta você ter uma atitude positiva, e tudo na sua vida ficará bem. É só não pensar nada ruim sobre o mundo nem esperar algo ruim dele. Mas isso é bom para quê – e para quem? Ora, o acaso e o destino não estão nem aí para os meus pensamentos e atacam quando e onde quiserem. A atitude positiva não evita problemas nem impede lesões ou mágoas. Mas um efeito persiste: O pensamento positivo talvez nos permita lidar melhor com aquilo que nos atinge. Pelo menos, foi o que me disseram.

"Só a atitude positiva diante da vida viabiliza uma mudança." Bela tentativa. Uma atitude positiva por si só infelizmente ainda não convence como garantia de sucesso. Nossas decisões e sua aplicação consequente são a chave para toda mudança.

Mas de qualquer modo você já intuía isso. Todo o falatório sobre o pensamento positivo sempre lhe pareceu suspeito. Você sabe que é possível assumir uma atitude positiva e – não fazer nada. Por que você deveria tentar aplicar o pensamento positivo à prática? Fazer nada já funciona muito bem para aquele que tem pensamentos negativos. Você é a melhor prova disso. Agora, sim, estamos falando sobre algo que você entende, não é?

Mas tome cuidado: às vezes uma postura negativa produz um efeito muito mais intenso do que o pensamento positivo. Irritação, raiva e ceticismo podem nos motivar ao extremo para encontrar uma solução para os problemas. Às vezes, precisamos ficar com os nervos à flor da pele para mudar alguma coisa. Mudança às vezes pressupõem pensamento negativo. Confuso?

Você odeia movimento. Você faz parte da maioria da população mundial: você é espectador. Isso significa correr menos riscos, fazer menos esforço, ter menos estresse. Nossa atividade preferida é o *voyeurismo*.

Evidentemente, você não se limita a fazer nada. Você faz algo. Só que aparentemente nada produtivo ou construtivo. Quem dera! Se os outros soubessem! Você estabiliza o supostamente errado e, desse modo, se posiciona do lado seguro.

"Não estamos no mundo para fazer as coisas de maneira correta, mas para fazer aquilo que é correto!", opina David Garrett, o astro violinista no documentário "*Alemanha, teus artistas*". Você sabe o que é isso, o correto? Você sabe exatamente o que é o correto? Você sabe o que precisa ser feito e, mesmo assim, não age? Quero ver alguém superá-lo nesse quesito!

Você aprendeu a estar em sintonia consigo mesmo e com a sua situação. As coisas estão ruins, mas isso ainda é melhor do que nada. Isso não o faz progredir, mas pelo menos o deixa à vontade, porque lhe é familiar. Você consegue aceitar a situação no momento (que, na verdade, já dura bastante tempo). Você deita e rola na zona de conforto daquilo que conhece bem demais.

Tudo está *OK* do jeito que está. Você consegue lidar com a situação e acredita que, em algum momento do futuro, estará em condições de partir para a ação. O tempo é um ótimo conselheiro. Isso tranquiliza a consciência. ENGANO! Raciocínio errado. Muito provavelmente, você jamais alcançará o ponto de achar que já chega de aguentar essa situação e de querer mudá-la. Falta-lhe algo decisivo: confiança em sua eficácia. O mundo lhe ensina diariamente em alto e claro tom: "Não podemos fazer o que queremos". O supermercado não vende autoconfiança em fatias.

Você mudará quando estiver preparado para isso. Mas quando você estará preparado? Quando acreditar que conseguirá alcançar mais ou menos ileso o seu objetivo. Por meio da fé e do investimento em seus talentos e suas capacidades. Sem essa confiança nada feito. A confiança nas suas virtudes é a senha para começar a ter algum sucesso.

Você só produzirá uma solução para os seus problemas se você se colocar em movimento. Começar seria, portanto, uma excelente alternativa. Depois: seguir em frente. E acima de tudo: continuar. É a ação que produz resultados. Positivos ou negativos. A sua postura em relação às suas possibilidades, àquilo que você é capaz de fazer – essa é a abordagem correta – não a postura em relação ao problema, à vida, ao mundo. Como você avalia sua autoeficácia? Você realmente acredita que suas virtudes podem transportar montanhas? Para começar é preciso ter coragem; depois persistência, para continuar a avançar mesmo diante de fracassos. Passo a passo. Desvios são experiências. Fracassos são apenas lições. Erros são *feedback*.

Se você conseguisse admitir isso... reconciliar-se com aquilo que você é capaz de produzir – com aquilo que se esconde *por trás* da montanha. E não só com aquilo que realmente consegue ver. Não é todo mundo que consegue isso. Portanto, por que justo você?

Você tem razão; você não tem problemas. Você é o problema. Que bom que falamos sobre isso.

Pensamento construtivo

O copo está meio cheio. Ou: o copo está meio vazio?

Normalmente, o pensamento positivo é descartado como bobagem esotérica. Prefiro falar de pensamento construtivo. Nesse conceito já repercute a ideia básica da orientação para a solução. É uma forma de pragmatismo.

Se o copo estiver meio vazio, isso indica uma visão pessimista das coisas. Quando o copo é considerado meio cheio, fala-se de uma propensão para o otimismo. O mais importante é que a água mate a sede!

Fight proud

Em 2012, Martin Koch, o especialista em voo de esqui da Áustria, apostou tudo numa só cartada. Era o ano do campeonato mundial de voo de esqui. Este seria o seu ano.

Finalmente ele avançaria para o primeiro escalão. Subiria ao palco. O tempo parecia maduro para isso. O momento era favorável. Mas na competição tudo deu errado. Mais uma vez. A nuvem do fracasso pairava escura sobre ele. Aparentemente.

Perguntei-lhe como se sentia. Ele escreveu: "Meu lema era: '*Fight proud!*' E foi o que fiz!" Depois disso, a temporada continuou para ele. De repente, ele teve sucesso como jamais tivera. Ele deslanchou *tanto* no voo de esqui *como* no salto de esqui. Nas duas disciplinas.

Como foi que ele conseguiu? "Quando você faz algo de todo coração, os recursos parecem infinitos!" "*Always keep smiling!*" A pressão se foi. Como ele mesmo disse, ele havia ido ao pote com muita sede no campeonato mundial: havia criado uma expectativa excessiva, e perdeu. Agora ele se sentia como que liberto da pressão e disputava os primeiros lugares no circo do campeonato mundial. Vitorioso como a fênix que renasce das cinzas.

NINGUÉM É ALGO ESPECIAL

A diversidade é uma maravilha? Bobagem. É claro que alguns têm mais coragem que outros ou uma disposição maior de simplesmente começar algo, mudar alguma coisa. Como é que eles fazem isso?

O segredo está na intolerância. Você se põe em movimento – não quando está em harmonia consigo mesmo, mas porque se sente desconfortável. É nessa hora que você toma uma decisão e a coloca em prática. A satisfação está pré-programada. Você vivencia o limiar do suportável, o limiar da tolerância à frustração, e busca uma solução. Você já a conhece há muito tempo, mas mesmo assim a adia até o último momento. Até o momento em que não se aguenta mais, quando você se sente totalmente incomodado o tempo todo. Só então você começa a mudar alguma coisa.

O que isso significa para você? Bem, só você sabe...

A criatividade como método

Compare-se constantemente com outros.

Aposte exclusivamente numa coisa.

Questione tudo sempre de imediato.

Brigue com os seus talentos.

Faça tudo sempre para agradar os outros.

Cumpra sempre as expectativas dos outros.

Seja realista por princípio.

Lamente-se de tudo e todos.

O oposto

Simplesmente faça o oposto disso e observe o que acontece.

NADA DE AUTODISCIPLINA, POR FAVOR!

Por que é que você vai para o trabalho todo dia?
Se você souber a resposta, talvez o faça com mais gosto ainda. Mas quem é que quer isso?
Evite, portanto, responder a essa pergunta puramente retórica.

De modo algum faça as coisas à sua maneira

Todo mundo sofre de estresse. Ou está estressado. O estresse é lema da Era Moderna. O *burnout* está em voga. Se não estiver estressado é porque você é preguiçoso ou está morto.

Submeta-se ao teste do estresse. Quais são seus fatores de estresse? Decore e observe-os na prática do dia a dia.

O estresse o torna importante e lhe dá a sensação de ser insubstituível. É uma forma simultânea de amor e ódio. Você sofre por causa dele e precisa dele. Você não pode viver com ele nem sem ele. Pois se assim não fosse, você não falaria sobre ele o tempo todo! A vida é estressante. A profissão é estressante. O cliente é estressante. Os colegas são estressantes. O chefe é estressante. E assim por diante...

O estresse surge quando dizemos "sim" mesmo querendo dizer "não". Você faz algo diferente do que quer. Você sabe o que seria o certo para você nessa situação específica. Aí você decide fazer o oposto.

Para ser bem-sucedido na condição de estressado, você simplesmente deve continuar agindo como vem fazendo até agora. Produzir o estresse exige um esforço muito maior do que eliminá-lo. Por que facilitar as coisas quando se pode fazer tudo do jeito mais difícil! Isso faz de você um herói. Porque, na verdade, você tem pavor do ócio. No fundo, você acredita nisto: só os durões entram no paraíso. Você pertence ao gênero dos amantes anônimos do estresse. Embora você afirme o contrário. Mas se não existisse o estresse, do que você poderia se queixar? Sem o estresse você não teria sobre o que conversar.

Aniquiladores de estresse

Aproveite sua lista de fatores de estresse para desenvolver um novo comportamento a partir dela.

Bem-vindos, aniquiladores do estresse!

Coerência

Depois de vencer a *Vierschanzentournee*, os índices de popularidade de Gregor Schlierenzauer dispararam. Convites para entrevistas em todos os meios de comunicação não paravam de chegar. Os jornalistas se atropelavam de tanto interesse. Seu *management* procurava satisfazer a procura midiática. Mas em algum momento Schlierenzauer teve que dar um basta. Schlierenzauer falou publicamente sobre sua exaustão. Eu lhe disse que o estresse surge no momento em que você diz "sim" quando, na verdade, quer dizer "não". Escrevi para ele sobre a necessidade de dizer sim quando quisesse dizer sim. E dizer não quando quisesse dizer não. Só isso? Só isso! "Sim" em vez de "não" causa estresse, porque o "sim-não" leva a um comportamento incongruente. A receita do sucesso é composta de clareza e coerência.

MERENDA

Você já ouviu falar do evento do "*burnout man*" em Berlim? À semelhança do que acontece no festival do "*burning man*" na América do Norte, instala-se primeiro um enorme boneco que depois é queimado com grande alarido. Os espectadores jogam no fogo cartas ou símbolos de suas preocupações profissionais e privadas, para que sejam devorados pelas chamas. É uma espécie de ritual de despedida dos seus próprios problemas
e fracassos.

Por que estou lhe contando isso? Gosto da ideia e da simbologia. E isso já é tudo. Rituais não mudam nada. Não se preocupe. Mas eles podem servir de apoio
na vida.

8

Se você não conseguir resolver um problema, simplesmente procure um outro

Poligamia de problemas

Às vezes você anda em círculos. Você não tem a mínima noção de como escapar do dilema. Todas as alternativas foram analisadas e rejeitadas. Você virou tudo do avesso. Lançou luz sobre todos os ângulos do problema. Impossível dizer quantas vezes você tentou assumir outro ponto de vista. Agora chega.

Você precisa de um *break*. Portanto, tente pensar em outra coisa. Um novo problema seria uma excelente solução. Não será difícil encontrar um. Respire fundo! Isso tem o mesmo efeito de uma injeção de cafeína. É claro que o velho problema continua do jeito que está. Ele se encontra numa espécie de fila de espera dos problemas. Ele pode ficar ali e relaxar. E não está sozinho. Está em boa companhia. De problemas abandonados no lixão porque você simplesmente foi procurar um novo. Uma forma de poligamia de problemas.

Não se trata de infidelidade. Nisso você é semelhante aos jovens de hoje. Eles sempre são fiéis enquanto dura o relacionamento. Mesmo que dure só pouco tempo. Depois vem imediatamente o próximo parceiro para uma nova etapa da vida. Às vezes, trata-se de um parceiro para a etapa daquele mês ou só para a etapa daquele dia. Às vezes, até mesmo só para uma noite. Mas sempre um depois do outro. Cronologia monogâmica.

O mesmo acontece com os seus problemas. Você não lhes é infiel. Você apenas procura variar um pouco. Um problema de vez, um após o outro. Qualquer desvio dessa regra o deixaria maluco.

Direcionamento da atenção ou ouvir a grama crescer

Um atleta sofreu uma lesão no esporte. Ela parecia curada. Mas toda vez que o atleta pretendia retornar ao treinamento, a lesão reaparecia, mesmo que de forma mais amena.

O desafio do direcionamento da atenção consiste em não se concentrar na lembrança da lesão.

O atleta precisou encarar diferentes desafios:

Ele deveria acompanhar a sequência de seus movimentos e concentrar-se simultaneamente na sua respiração. Ou nas suas imagens interiores. Ou naquilo que ele de fato estava vendo no mundo exterior. Naquilo que ele escutava dentro de si ou no que era perceptível do lado de fora. O que ele sentia dentro de si e quais eram as influências externas que ele sofria?

A tarefa desafiadora consistia em voltar toda a sua atenção para esses questionamentos feitos em sequência. Um tipo de concentração que precisa de treino, tempo e rotina.

A ideia era desviar a atenção do atleta do ponto em que ele, em razão de sua lesão, “escutava a grama crescer”. No passado, isso podia levar automaticamente a uma postura de resguardo inconsciente, que fez com que a lesão seguidamente voltasse a aparecer. Apostamos na confiança de que corpo e espírito inconscientemente encontrariam uma solução saudável para a execução do movimento justamente quando o atleta não se concentrava em sua "zona de problema".

O declínio

Gregor Schlierenzauer tinha perdido o contato com sua própria capacidade de desempenho. Ele corria atrás da concorrência. Todas as tentativas de fazer jus à fama de "talento do século" falhavam. Isso era algo novo para ele. Ele se retraiu. Com poucas palavras, dispensava os jornalistas. Patrocinadores e fãs pareciam decepcionados. Ele não era capaz de satisfazer as enormes expectativas postas nele. Nem as de seus familiares, nem as dos amigos, muito menos as suas próprias. Como maior crítico de si mesmo ele estava preso no redemoinho dos sentimentos negativos.

A crítica se intensificou. Sua insatisfação também. Ele experimentou uma coisa aqui e outra ali para resolver seu problema. O fracasso se transformou em rotina. Quando me encontrei com ele, sugeri que procurasse um problema novo, caso não conseguisse resolver o atual. Ele ficou estupefato. Até aquele momento, distanciar-se do estado atual não tinha sido uma opção para ele. Obter uma nova perspectiva através de um distanciamento dos acontecimentos foi uma ideia nova para ele.

Dias depois li a respeito do acidente que sofrera no treinamento. Lesionado, Gregor Schlierenzauer teve de abandonar o campeonato mundial. Ele se curou com toda tranquilidade. A imprensa, que havia se fixado nele, saiu em busca de outra vítima. Agora ele teve tempo para desenvolver vias de solução com toda calma e serenidade. Longe da exposição brutal ao público e das expectativas quase desumanas da nação.

Não quero dizer que ele seguiu meu conselho da maneira mais dolorosa. Mas o exemplo deixa claro: Abandonar uma situação perdida já pode representar o ponto de partida para uma solução. Schlierenzauer retornou mais forte para aquela temporada. E não foi a sua pior. Pelo contrário.

"Assim que você deixa de querer alguma coisa, você a consegue" (Andy Warhol)

"Persiga seu objetivo como se não tivesse nenhum" é um conselho frequente – certamente dado com as melhores intenções. Isso não significa desistir pouco antes da linha de chegada. Tampouco se refere a uma falta de determinação que tire o pique da pessoa. Trata-se, nesse caso, de visar a um resultado com certa elegância e leveza. Sem obrigação nem obsessão. Com plena confiança no resultado. Significa largar cheio de otimismo para alcançar a meta. Esta vem voando ao seu encontro. Você consegue tudo sem esforço. Você nem precisa fazer muita coisa para chegar lá. Você simplesmente diz adeus à vontade obcecada e confia totalmente na sua capacidade. A rotina dará um jeito em tudo e levará tudo a um fim bom e exitoso. Assim, você obtém um bom resultado sem os dentes cerrados. A sensação é bem diferente do que quando se é obrigado a alcançar um sucesso sob uma pressão brutal. É difícil imaginar isso? Ah sim, eu tinha esquecido: você é a personificação de uma britadeira.

Pensar em dois trilhos

Exercício A-Z (para duas pessoas)

Os indivíduos A e B escolhem uma letra do alfabeto e combinam um tema. O indivíduo A começa a formar uma frase com a letra escolhida. Esta letra será usada como primeira letra da primeira palavra da frase. B utiliza a letra seguinte como primeira letra da primeira palavra da resposta. Assim, A e B passam por todo o alfabeto. Até retornarem à letra que serviu de ponto de partida.

Exemplo:

A: E-stive ontem numa grandiosa exposição fotográfica.
B: F-oi dessa exposição que ouvi falar.
A: G-anhei um catálogo com a dedicatória do fotógrafo.
B: H-á anos venho colecionando fotos.
A: I-nteressante. Você pode me mostrar algumas?
B: J-á fiquei entediado dessa atividade.
A:. L-ogo não tem mais tanta graça.
B: M-as então fiquei totalmente entusiasmado com a fotógrafa Nan Goldin.
A: N-an Goldin! Meu Deus, ela é fenomenal.
B: O-lhe só: eu cheguei a conhecê-la pessoalmente numa vernissagem.
A: P-are! Não diga!
B: Q-uando digo que a conheci, exagero um pouco. Apenas a vi de longe.
Etc.

Objetivo: Aqui, o pensamento segue duas trilhas simultâneas. Observa-se uma restrição, uma estrutura ou dramaturgia, a saber, a do abc. Ao mesmo tempo, procura-se escutar ativamente e contribuir para o tema numa conversação. A arte consiste em gerar um equilíbrio entre as duas tarefas. Para isso, é preciso ter flexibilidade mental, "desaprender" o pensamento antecipado e o pensamento paralelo.

Sob pressão

Como um atleta lida com a pressão? Tirando o foco dela? Aguentando a pressão?

Muitos se concentram inteiramente em rituais desenvolvidos por eles mesmos. Vestir conscientemente o traje de esquiador. Os sapatos. O capacete. As luvas. Os esquis. O fixador. É uma espécie de treino de concentração. Controle de segurança de rotina em concentração plena. Há saltadores que, na prática do salto, chamam isso de "rituais pré-salto". A concentração total naquilo que estão fazendo dissipa o nervosismo. O direcionamento para o processo cria um foco e espanta a pressão e a excitação. No fundo, porém, trata-se de chegar a um equilíbrio entre a sensação física e a concentração na estratégia. A pressão do público, na melhor das hipóteses, deixa de importar. A pressão maior, de qualquer modo, vem dos próprios atletas. Em si, a pressão é algo bom, prova de que eles estão levando a coisa a sério. Sua missão ou visão é uma espécie de motor interior.

Situações de pressão já existem nos quartos das crianças: "Naquela época, quando crianças, éramos obrigados a recitar uma poesia para o Papai Noel. Era uma situação muito parecida em termos de tensão", disse um atleta.

Tente virar todo mundo do avesso, só não a si mesmo

Os problemas mudam quando as pessoas mudam. Portanto, toda situação problemática é passageira. Portanto, você não pode confiar em nada de verdade. A cada instante, muita coisa deixa de ser como era. Isso soa pouco tranquilizador. Você ama a constância e a durabilidade. A confiabilidade das coisas corresponde à sua necessidade básica. Principalmente em zonas problemáticas.

Há coisas que cumprem o que prometem. Maus hábitos, por exemplo. Esses são tenazes. O hábito é seu animal de estimação preferido. E você pode confiar em improvisações, porque elas duram eternamente – como você e o zoológico que você acaricia diariamente, incluindo seu vira-lata interior. Rotina diária. No momento em que consideramos algo natural, tornamo-nos negligentes e indolentes – maravilha!

Você não quer mudar. Você é a fortaleza da constância. Se alguém tiver que mudar, que sejam os outros. Você gosta de deixar isso bem claro. Para que não haja mal-entendidos. Esta é a sua verdadeira paixão: reclamar, passar o sermão, resmungar e criticar. Mas o que vale para os outros não vale igualmente para você. Você está acima de toda e qualquer mudança. Você é o perfeccionista do sempre igual. Alguém precisa exercer esse papel. Por que não você?

Coisas em mudança

Caminhe pelo recinto. Concentre-se naquilo que você vê. Cada um dos objetos. Olhe fixamente para um deles, aponte o dedo para ele e diga o nome dele em voz alta. Movimente-se pelo recinto por algum tempo dando nomes às coisas. Faça uma pausa. Depois, volte a caminhar pelo recinto. Concentre-se nas coisas individuais presentes naquele recinto, aponte para elas e, antes de dizer o que você vê, dê ao que você vê um nome totalmente diferente e novo.

Repita esse procedimento algumas vezes. Não antecipe seu pensamento. Ponha o foco no objeto, deixe a designação correta tomar forma dentro de você e surpreenda-se com o novo conceito.

Objetivo: Esse exercício aguça a sua percepção. Você se torna mais atento e se apercebe mais claramente do seu entorno. Você vê o mundo com outros olhos.

Cotidiano do treinamento

Citações de Alexander Pointner, treinador-chefe da equipe nacional de saltadores de esqui da Áustria, que evidenciam uma mudança na autodefinição:

"Esporte de elite não é democracia!"

"A parte mais ágil do sistema determina o sistema!"

"Levo os atletas só até o nono andar de um edifício; ao décimo e decisivo andar cada um chega por conta própria!"

"Deves viver tua mudança!" (Rainer Maria Rilke)

Mas para quê! Nessa hora, você é você mesmo. Se alguém aparece com a palavra "dever", todos os seus alarmes disparam imediatamente. Você se arrepia, e reina a birra. Você dá no pé. Afinal é o tom que faz a música. Se alguém lhe pedisse gentilmente, *ok*. Ou se lhe dessem a permissão, livremente segundo o lema: "Você pode!" Problema nenhum. Nesse caso, você se dignaria a pensar no assunto e a considerar se algum dia...! Mas assim!? Assim realmente não dá.

O exercício da cadeira

Tente motivar alguém a trocar de lugar com você.

A estratégia do burro

Burros existem. Entre atletas e animais. Comum ao gênero é a dificuldade de motivá-los a fazer algo. Há treinadores que trabalham com a estratégia do burro: Ele promove o encontro entre o atleta e um burro de verdade. O resto acontece automaticamente.

NÃO SE ENTUSIASME COM NADA NEM COM NINGUÉM

Indiferença e tédio são estados extraordinários para caminhar sem sair do lugar.

Em treinamentos de lideranças ouço muito isto: "Precisamos gerar entusiasmo". Precisamos superar expectativas.

O envolvimento é tido como chave para o sucesso. Pelo visto, só pessoas entusiasmadas conseguem criar pessoas entusiasmadas. Só quem tem convicção de si mesmo e do seu trabalho é realmente capaz de entusiasmar outras pessoas de modo duradouro. É preciso arder pela causa. Caso contrário, o fogo apaga e o efeito se dissipa. Para ter sucesso, você precisa ter dedicação. E satisfação. Isso exige tempo, coisa que você não tem. Isso exige paixão, coisa que você não sente. E isso está muito bem assim!

9

Para cada problema há um amigo ou uma amiga

Amigos verdadeiros intensificam os problemas que você tem

A amizade surge porque queremos. Por meio da liberdade de escolha. Amizades não devem ser trabalhosas. Leveza é a palavra mágica. Amigos nos aceitam. Eles permitem que sejamos como queremos ser. Não importa se estamos em dias de alta ou em dias de baixa. Não importa se estamos numa fase boa ou ruim. Nas amizades há perguntas. Não há desculpas. Descontração é o lema.

Amizades são importantes também para você. Você sempre sabe para quem pode telefonar ou com quem pode se encontrar quando algo o incomoda. Uma coisa todos os seus amigos têm em comum, algo que você analisou cuidadosamente na hora de escolher suas amizades: seus amigos o compreendem. Sempre. Eles o acolhem com um abraço e oferecem o ombro para você se apoiar. Eles se juntam a você em suas lamúrias. Exaustivamente e com toda a dedicação. Eles julgam e avaliam. Eles procuram os culpados e reforçam a imagem do inimigo. Eles estão sempre do seu lado. Eles se aprofundam no problema e se apropriam dele. Mas o mais importante é que eles nunca dizem: "Pare de se lamentar". Eles aumentam a zona do problema. Eles não o incentivam a assumir responsabilidade para obter o controle sobre a situação atolada. Eles apoiam sua lamentação. Eles jamais diriam: "Chega! Pare com isso e comece a agir!" Jamais. Como você, eles se queixam copiosamente sobre o mundo mau e as pessoas más. Eles se queixam do destino cruel e da injustiça do mundo. A única coisa que não fazem é procurar uma solução. Eles não mudam nada. Mas pelo menos você compartilha seu problema. Isso faz bem. Se tiver azar, o amigo até assume o problema, e de repente você fica livre dele. Nesse caso você teria um problema a menos.

Mas quem é que pode querer isso?

Espírito de equipe

Um exercício em grupo: todos os participantes estão de pé, lado a lado e com o olhar voltado para a mesma direção. Eles devem responder em uníssono a perguntas de um entrevistador – sem que haja dominância individual. No processo da fala, as palavras surgem por meio da formação de sílabas. As palavras se transformam em frases.

Exemplo: "Há alguém em casa?" "Sssiiimmm!" "Como você se chama?" "Mmiichaaelaa Schschmmmidt!" "Qual é a sua profissão?" "Veeeteeeriiináááriiiaaa!" "Você tem um namorado?" "Sssiiimmm!" "Como se chama ele?" "Ooolaaavooo!" Etc.

Objetivo: Gerar e receber impulsos. Sem pressão. Sem exercer controle por meio da dominância de indivíduos. Um processo grupal.

A eterna atitude da bandeirinha ao vento

Resguarde-se de uma carreira. Se você concretizar a profissão dos seus sonhos, com certeza atrairá críticos. O fator "inveja" reina por toda parte. As pessoas em sua volta ficam desanimadas com os seus sucessos. Não ficarão caladas, não se preocupe. Elas não pouparão palavras falando sobre você. O que dizem sobre você, no final das contas, diz mais sobre esses implicantes do que sobre você. Mas ainda assim é desagradável ser rebaixado à condição de alvo de tiro. Você ficará mais solitário. Não haverá mais ninguém para fofocar e fazer intrigas contra os parceiros. Não haverá com quem se lamentar sobre a vida. Você simplesmente não terá nem tempo nem vontade para isso.

Quer queira quer não, você assusta as pessoas. A preocupação delas é não precisar ser tão bem-sucedidas como você. Olhar-se no espelho e ter que reconhecer isso pode ser doloroso e provocar agressões. Às vezes, elas o atacarão frontalmente, mas normalmente preferem falar mal de você pelas suas costas. Farão piadas com o propósito de rebaixar seu *status*. Você tentará justificar o seu sucesso e, ao fazer isso, se tornará ainda mais vulnerável. Você não tem chance: não conseguirá amenizar a situação. Nem mudá-la. Escolha, portanto, o caminho mais fácil e desista da carreira. Não diga nada, não mude nada, seja como todos os demais. Você merece a vida que tem. Como todos os demais.

O *check-up* do sucesso

~ O que acontece quando alguém é bem-sucedido? Eu também posso ser bem-sucedido?
~ Quem é afetado pelo seu sucesso?
~ Quais são as razões a favor, e o que fala contra o sucesso?
~ Quem tira proveito do sucesso no seu entorno? Quem sofre com o seu sucesso? Pondere.

~ Você recebe permissão para ter sucesso? Você a concede a si mesmo?

Medo do sucesso

Medo do sucesso não é um fator desconhecido no fracasso de carreiras esportivas. Quando um atleta teme inconscientemente que, mesmo atingindo o limite de sua capacidade de desempenho, o resultado não baste para a disputa pelos primeiros lugares no mundo – o que ele faz? Por precaução, ele permanecerá aquém de suas possibilidades. Para evitar a dolorosa verdade.

Mas evidentemente ele poderia proceder de outro modo: apostar tudo em sua capacidade, dar o máximo de si e superar todas as expectativas. Sobretudo as suas próprias. Isso também é uma resposta.

O atleta só conhecerá o resultado quando fizer a pergunta referente às suas próprias expectativas. Isso exige coragem.

RELACIONE-SE COM SUGADORES DE ENERGIA, ESPECIALISTAS EM BAIXO ASTRAL E VAMPIROS MENTAIS

Recentemente vi um adesivo que dizia o seguinte: "Tenho alergia a pessoas negativas!" Isso não é um tanto antipático?

O método de fingir-se de morto

Vitalidade e visibilidade podem ser contraprodutivas para o fracasso. Em contraposição, querer tornar-se invisível ou cumprir um acordo de inatividade são expressões de uma estratégia bem-sucedida. Dissipar-se no ar ou vestir a capa da invisibilidade são outras variantes disso. Por que tudo isso? Quem chama a atenção é mais suscetível a ataques. É melhor assistir da segunda fileira; isso acalma os ânimos dos críticos obsessivos. Mas se apesar disso você algum dia quiser se deleitar com a fragrância do sucesso através da sua presença bem-sucedida, identifique a oportunidade e deixe a sua marca. Entre em cena num momento inconveniente. Isso eleva o grau de atenção de modo espetacular. Você não deveria se contentar com menos. Isso significa atenção demais para você? Relaxe: após entregar-se a esse breve instante de sedução mental, você pode apertar o botão de "reinicializar". Tudo de volta ao começo. Agora você pode passar os próximos anos esperando tranquilamente o momento de colocar em ação a sua visibilidade. Enquanto isso você toma café no quarto com vista panorâmica.

História de sucesso

Escolha três virtudes que você considera essenciais.

Procure três histórias para elas. Encontre uma prova para cada virtude na forma de uma história autêntica de sua vida. Registre a história por escrito. Uma das três deveria ser uma história curta; e outra, uma narrativa mais longa.

Procure ativamente oportunidades para comunicar essas histórias intituladas de "Eu sou minha história de sucesso": Conte-a a amigos, colegas, clientes. Assim, essas pessoas poderão conhecê-lo melhor. E ficarão sabendo o que você representa.

Marca e autenticidade

Para muitos atletas, a modéstia é um adorno. Mas ela pode ser também uma pedra no sapato de quem está correndo para a vitória? Tipos vitoriosos de natureza modesta? À primeira vista, isso parece uma contradição em si. Como alguém pode ser vitorioso se ele não reivindicar de forma egoísta seu lugar na primeira fila? Não lhe faltaria a determinação e ambição, o instinto de caçador?

Modéstia é o desejo de não projetar arrogância e presunção. A motivação é convencer pelo desempenho e pelo talento. Sem rufar de tambores e sem a permanente autopromoção ao estilo dos vendedores de feira. Convencer por meio de atos. Sem sacrifício de peões, intrigas e joguinhos de poder. "Você é o que faz."

Às vezes, porém, isso não basta. Existe certo pudor de apresentar suas histórias de sucesso, um pudor contraprodutivo para o desenvolvimento da própria personalidade. Nesse caso, o próprio atleta obstrui o seu caminho com falsa modéstia. Não estamos falando aqui do imbecil insuportável apaixonado por si mesmo, mas do desenvolvimento da marca pessoal. Do atleta como seu próprio modelo de sucesso. Da propaganda em causa própria por meio de histórias autênticas.

Modifique o parâmetro do sucesso pessoal

Sucesso é o que somos,
o que temos e o que representamos para os outros.

ARTHUR SCHOPENHAUER

O que definimos como sucesso depende fundamentalmente da idade.

O que você considerava sucesso quando era criança? Como adolescente? Como jovem adulto? Aos 35 anos de idade? Aos 40? Etc.

As experiências de sucesso passaram por uma transformação? Ou você está à caça do igual desde sempre?

Nossas histórias de sucesso frequentemente têm algo a ver com os motivos que nos levam a empreender alguma coisa.

O que é sucesso?

Defina sucesso de modo pessoal:

~ O que é sucesso para você pessoalmente?

~ Quando você se considera bem-sucedido?

~ A seu ver, quem tem sucesso?

~ A seu ver, o que pessoas bem-sucedidas fazem bem?

~ O que você pode aprender disso?

Estar consigo mesmo

"Fazer belos saltos", afirma Thomas Morgenstern. Isso é motivação, objetivo e definição de sucesso concentrados numa coisa só. Com uma particularidade: o atleta está totalmente em equilíbrio consigo mesmo. Este foi um dos segredos-chave dos atletas na temporada do campeonato mundial: "Eu estava totalmente em paz e à vontade comigo mesmo!" O atleta não olha nem para a direita nem para a esquerda. O que a concorrência faz não lhe interessa. A única coisa em jogo é o seu próprio parâmetro interior de qualidade. A avaliação da sua capacidade de desempenho pessoal. Num primeiro momento, as recompensas exteriores, como lugares no pódio e medalhas, são irrelevantes.

O plano é fazer jus às suas próprias exigências. A satisfação interior que decorre de ter acessado todos os seus recursos e tê-los utilizado na medida do necessário justifica todos os esforços feitos. Acessar seu potencial de desempenho disponível, no momento exato e com concentração máxima, é puro prazer e estresse ao mesmo tempo. A missão interior é usar o impulso do possível como trampolim para seus talentos, suas capacidades e virtudes. "Vencer seu vira-lata interior" – essa é missão. Se, além disso, o atleta conseguir superar a concorrência e colher vitórias, tanto melhor.

10

Para algumas pessoas o problema já é a solução...

...pois ele finalmente lhes dá algo a fazer

A FLORESTA E AS ÁRVORES

Existe essa expressão segundo a qual, de tantas árvores, uma pessoa não consegue enxergar a floresta. Isso descreve muito bem o que pode acontecer com alguém que, cego como uma toupeira, anda em círculos. Sem chegar ao ponto, ele rodeia o tema o tempo todo. Todo mundo em sua volta já entendeu do que se trata, só ele não consegue ver seu problema verdadeiro.

Você é o exemplo perfeito de alguém que frequentemente não consegue reconhecer sua própria causa. Você vivencia isso dia após dia. Aqui o quadro assume contornos concretos. Um tema. Um questionamento. Vamos dizê-lo abertamente: um problema. Identificá-lo pode lhe dar orientação.

O principal é: vá direto ao ponto!

Você gostaria muito de mudar alguma coisa, mas os outros não permitem

Há espertalhões que dizem: "Tente mudar apenas o que você pode mudar". O que eles querem dizer com isso é: Não vale a pena queixar-se de problemas que você não pode controlar. Mas você tem uma opinião completamente diferente sobre isso. Quando você não tem espaço de manobra, o ato de lamentar não é desperdício de energia, mas um sinal claro de vitalidade. Para você não faz sentido atacar problemas cuja solução está em seu poder. Se você fizer isso, eles desaparecerão. É imprescindível que evite situações em que você mesmo possa partir para a ação. Ceda ao reflexo compreensível de passar a responsabilidade diretamente para outros.

Diálogo de números

Os indivíduos A e B dialogam sobre um tema de sua escolha. O indivíduo A começa formulando uma frase introdutória. Em seguida, A mostra uma quantidade dedos. B deve responder com palavras que correspondam ao número de dedos mostrados. Depois de ter respondido, B mostra uma quantidade de dedos. A responde com a quantidade de palavras exigida.

Exemplo:

A: Viagens de negócios podem ser cansativas. (Mostra 4 dedos)
B: Concordo plenamente com você. (Mostra 3)
A: Detesto viagens transatlânticas. (Mostra 12)
B: Há alguns meses, estive a negócios em Bangkok, foi realmente muito estimulante. (Mostra 7)
Etc.

Objetivo: Foco total. Não adianta se precipitar mentalmente. As condições são impostas pela quantidade de palavras indicada. A façanha é começar a frase e confiar que não será preciso gastar mais palavras do que o indicado. "Confie no processo." Pensar apenas quando fala. Esse é o truque aqui. Pessoas que pensam antes de falar chegam ao limite neste exercício.

A VIDA NÃO É UMA BRINCADEIRA

Profetas de tempo bom e os que só falam bonito
são otimistas por profissão e, por essa razão, cegos
funcionais.
Prefira lembrar-se diariamente das três razões pelas quais
você não é bem-sucedido. Mas cuidado: você poderá ser
bem-sucedido nisso.

Incongruência como chave do fracasso

Você não se lembra mais da profissão com que sonhava como criança, mas sabe com certeza que não era a profissão atual!?

Bombeiro, veterinária ou detetive. A infância é a terra das aventuras cheia de possibilidades. Crianças são consideradas especialistas em *flow*. Elas conseguem se entregar a uma tarefa com facilidade. Elas esquecem tempo e espaço. Elas conseguem imergir no aqui e agora de um momento para outro. Evidentemente, crianças também conhecem o tédio. Todos se lembram das reclamações de crianças desocupadas. É um martírio. Principalmente para quem está por perto. A profissão com a qual sonhávamos quando éramos crianças pode nos revelar algo sobre as qualificações-chave que nos são próprias desde o berço. *Insights* valiosos em nossos talentos e capacidades: O que me interessou, entusiasmou e atraiu quando eu era criança? Eu era mais introvertido ou mais extrovertido? Quando criança eu ficava mais na rua ou preferia ficar dentro de casa? Eu tinha muitos amigos? Ou um livro, um brinquedo, um lápis e uma folha de papel já me bastavam?

Eu era líder ou mais propenso a acompanhar os demais?

Suas lembranças de sua infância são turvas? Não faz mal. É melhor você manter bem-escondidas as virtudes vivenciadas quando era criança. São recursos, tesouros que precisam ser protegidos. Você precisa protegê-los de ataques e tentativas de exploração. Acima de tudo, dos ataques que partem de você mesmo! Talvez um dia você traga todo esse potencial à tona. De alguma maneira, em algum lugar, em algum momento. Mas até esse dia chegar, você ficará sentado na neblina como um gorila na montanha.

O mundo de experiências chamado infância

Pegue as respostas às perguntas formuladas acima:

Qual é a situação hoje? O que você conseguiu integrar na sua profissão? Onde você pode implementar hoje de modo ainda mais intenso aspectos do biótopo chamado infância?

Na rampa infantil

Divertir-se ao fazer as coisas e alegrar-se com o desempenho alcançado? Há treinadores que não acreditam que a diversão seja um motivo-chave para as crianças. Eles acreditam, antes, que fazer parte seja o motivo decisivo para o acesso ao esporte. Eu acredito que a descoberta do talento para um tipo de esporte pode liberar mais paixão e dedicação. Não há nada mais eficaz do que o entusiasmo.

À procura das motivações, subimos à rampa infantil com os saltadores. A tentativa dos homens adultos de saltarem dela resultou num caos total. Seu sistema de voo não era compatível com o tamanho da rampa, e os profissionais aterrissavam feito albatrozes. Com muita paciência e ambição, os profissionais do salto de esqui procuraram adaptar o seu sistema de voo à rampa infantil, e aos poucos conseguiram produzir saltos aceitáveis.

Ali, naquela rampa, falei sobre suas experiências quando ainda eram crianças que mal haviam começado a praticar o esporte. Andreas Kofler tinha muitas lembranças desse período inicial. Muitas imagens lhe vieram à mente. Nas competições seguintes, ele infelizmente perdeu o contato com os melhores do mundo. E assim perdeu também a confiança em suas capacidades e habilidades. Ele sofreu uma queda terrível no *ranking*. Perplexo e cheio de raiva e frustração, ele se despediu do campeonato mundial. A perda total de motivação o deixou desorientado.

Então, ele começou a se recompor. Ele simplesmente não podia acreditar que desaprendera a saltar de esqui. Com um novo treinador de base, ele voltou para rampa infantil para começar do zero. Passo a passo, reconstruiu sua autoimagem. Voltando às origens, ele reencontrou sua vocação e retornou como um ás, até ganhar o torneio da *Vierschanzentournee*.

Esqueça a bússola interior

Ninguém pode acusá-lo de falta de ambição. Podem acusá-lo de muita coisa, mas disso não. Você quer ser melhor do que o outro. Vitórias sobre os outros – concorrentes, colegas ou clientes – são o elixir da sua vida. Concorrência e competição estão no seu sangue.

Você precisa de reconhecimento. Na forma de símbolos de *status*, aumentos de salário e promoções. Você mostraria o mesmo empenho e dedicação, mesmo sem essas recompensas?

Não? Então deixe tudo como está. Assim será mais fácil ficar frustrado se as coisas não andarem como você espera e a recompensa não vier. Magoar pessoas em virtude de frustrações profissionais e falta de reconhecimento fazem parte da atividade cotidiana. Você precisa de mais tempo do que os outros para se recuperar disso, porque você não só perde, mas ainda armazena a derrota como prova de sua obsessão com o fracasso. Processar isso pode levar tempo.

Mas você preferiria ser como as pessoas que se põem a caminho com um objetivo claro? Elas não se importam com concorrentes. A única coisa importante para elas é vencer seu vira-lata interior. Dar o melhor de si. Fazer aquilo que é possível justo naquele momento. Elas fizeram a experiência de que nada as deixa mais satisfeitas do que a sensação de ter feito o possível seguindo a sua bússola interior. Se isso bastar para ultrapassar os outros e para ser coroado vencedor, isso é apenas um efeito colateral. Mas não é esse o sentido nem o propósito de suas ações. Caso alguma vez isso não bastar para conquistar a medalha de ouro, eles se veem como perdedores. Lógico. No entanto, eles não se sentem como fracassados, pois deram o melhor de si. Enxugam o suor e seguem em frente. Sem lamúrias. Não, isso realmente não é nada para você.

Fatores lúdicos

Cite três fatores lúdicos em sua vida profissional. Ou em sua vida privada.

Onde e como você pode integrá-los em seu cotidiano profissional?

Vencedores são pessoas que trabalham por prazer

Vencedores e perdedores são o resultado de competições. Em situações de concorrência, sempre só pode haver um vencedor. Só existem vencedores olímpicos. Não existem vice-vencedores olímpicos. O segundo lugar ou a medalha de prata são meras sutilezas cosméticas. "O importante é participar!" Essa formulação é algo para quem não aspira ao título.

Por essa razão, é quase uma ousadia abandonar a orientação pelo resultado e substituí-la por uma orientação pela experiência. Isso é visto como um fator "não concreto", que suscita dúvidas e crítica. Dureza e disciplina são o teor do credo habitual.

No contato com atletas, vivencio algo que chega a ser um anseio por outra abordagem às suas realizações: querem ser pessoas que trabalham por prazer. Querem desenvolver alegria em seu trabalho. Sentir a leveza do ser. A marca Puma® tem uma mensagem apropriada para isso: "JOY", alegria. Com essa mensagem, a empresa assumiu a vanguarda. Definiu uma nova tendência no esporte de elite. Finalmente.

A SOLUÇÃO SE TRANSFORMA EM PROBLEMA

Às vezes, a solução consome tanta energia que ela própria se torna um problema – a luta convulsiva por fazer jus à solução em todas as suas facetas. A obsessão de não querer obstruir seu caminho por nada neste mundo e a incapacidade de permitir que alguém nos acuse de falta de determinação pode gerar estresse puro. Agir de modo absolutamente impecável e com perfeição quase assustadora para não decepcionar amigos e auxiliares é um empreendimento difícil. A brutal orientação pelo desempenho elimina toda alegria causada pelo sucesso. O esgotamento se propaga.

11

"Talentos encontram soluções, gênios descobrem problemas"

Hans Krailsheimer

Obsessões

Sorria, o pior está por vir! Ou: que bom que você é um gênio.

As obsessões marcam o seu cotidiano. Elas são importunadores da pior espécie. São expressão de medos, preocupações e temor. Sempre que você não se sente bem e dá espaço a dúvidas acerca de si mesmo, elas aproveitam o momento. Outro pré-requisito é o tempo. Somente quem tem tempo consegue transformar uma mosca em elefante. Pequenos incidentes podem originar cenários catastróficos. Um encontro de terceiro grau desenvolve assim sua força explosiva específica.

Muitas vezes, o que resulta de uma expectativa exagerada é lixo mental. Trata-se de expectativas que outros impõem a você. Ou expectativas com que você mesmo se pressiona. Essa pressão gera uma contrapressão. Surge então o medo de fracassar. A *selffulfilling prophecy* segue o seu curso. Você é imediatamente atraído para os erros que queria evitar. Você tende a ser cuidadoso. Seu comportamento poderia ser descrito como superprotetor. A passividade freia o seu impulso. Qualidades como otimismo e confiança desaparecem com um passe de mágica.

Você também gosta de estabelecer novas regras restritivas. Elas se apresentam então como leis naturais insculpidas em pedra. Mas foi você mesmo que as pôs em vigor num prazo relativamente curto. Mas de repente parecem valer por toda eternidade, como, por exemplo: "Quem tem sucesso são sempre os outros". Como se fosse uma espécie de superstição, você recita os medos de fracassar e as proibições. As ladainhas de dúvidas diminuem suas chances e limitam seus potenciais. Seu espaço de manobra fica cada vez mais restrito. Você acusa a si mesmo justamente porque se sente incomodado consigo mesmo e com seu lixo mental. Você vê sua tendência de se entregar a devaneios negativos como incômoda, perturbadora e não profissional. E, por fim, você se despreza em virtude de seu conteúdo. Preso na montanha-russa de suas obsessões, você se desanima. Perde o pique. Anda em círculos. Isso parece a história de sua vida, não?

Desembarque, por favor!

O que você pensaria se não se encontrasse preso nessa espiral de ideias? O que você faria se pudesse escapar dessa obsessão?

Às vezes, em situações complicadas, a vida faz com que nos sintamos novamente como criancinhas desorientadas e impotentes.

É possível abandonar o carrossel de pensamentos, sair da montanha-russa de catástrofes. Não somos mais crianças. Desembarcar é perfeitamente possível. Para, de alguma distância, contemplar todo o caos.

O que você diria a respeito disso como adulto?

Você é adulto. Você tem a perspectiva de um maior de idade.

O que lhe ocorre ou lhe chama a atenção?

Respire fundo e tire proveito de suas experiências.

O ponto de vista

Conheço um atleta que, sempre que visualizava sua sequência de movimentos antes da largada, se desconcentrava em virtude de mensagens de erro. Como pequenos projéteis, eles minavam sua tentativa de assumir uma postura positiva diante da sua tarefa. Recomendei-lhe que ignorasse a visão subjetiva de sua câmera de capacete. Uma das alternativas era assumir a chamada metaposição: observar a sua atuação de fora, como se estivesse sentado na frente da televisão. Ele achou a ideia excelente. Esse ponto de vista lhe permitiria ver as coisas incríveis que fazia. E o foco se desviava do fracasso e se voltava para as suas virtudes e possibilidades.

Outro atleta vivia perdendo o momento da largada. Em vista disso, muitos se concentrariam totalmente em aprimorar a largada, focando a atenção totalmente no ponto fraco. Pareceu-me mais recomendável estimular o atleta a simplesmente tirar a largada da cabeça durante a competição. Afinal, suas virtudes eram outras. O deslocamento do foco permitiu ao atleta parar de se preocupar constantemente. Ele começou a fluir. Foi o mais puro desdobramento do seu potencial.

Desconcentração como garantia de fracasso

No seu trabalho, há coisas que você odeia e coisas que você gosta de fazer. Antes mesmo de conseguir decidir-se a começar, você gosta de adiar as tarefas incômodas. Você se ocupa exclusivamente com as coisas agradáveis. Se ainda sobrar vontade (tempo você nunca tem), você se preocupará com as coisas desagradáveis. Mas você não as resolve simplesmente. Você lamenta. Você se distrai. Evita.

Você não nasceu com a capacidade de agir de forma planejada. Você contorna as tarefas a uma distância segura. Você nunca procede passo a passo. Mas quando o faz, sempre se limita ao agradável. E espera que o resto incômodo se resolva por si mesmo. Sem sua colaboração. É claro que isso é absurdo, mas o mero ato de imaginar isso já o acalma. Não dizem que a fé desloca montanhas?

Você evita a concentração no essencial e trabalha com o que encontra pela frente.

Você já ouviu as pessoas dizerem: "Há coisas relevantes e coisas irrelevantes". Você tem dificuldade de compreender isso.

Para você ora tudo é importante ao mesmo tempo, ora tudo é irrelevante no momento seguinte. Fazer as coisas pela metade é sua especialidade. Desistir no meio do caminho combina com você. Um dos seus lemas é: "O que não fizer hoje, você pode fazer amanhã". Quem é que precisa de resultados concretos?

Automanagement

Tarefa para uma hora: Cheio de alegria antecipada dedique--se primeiro ao desagradável. Depois, volte sua atenção para o agradável.

Objetivo: Esse exercício demonstra que o simples fazer já pode trazer satisfação. Não precisam ser sempre tarefas agradáveis. Resolver tarefas rotineiras também traz contentamento. Além disso, você perceberá quanto tempo desperdiça se lamentando e evitando o problema. O único bem que existe é aquele que fazemos!

Animal de hábitos e vira-lata interior

Saltadores de esqui não gostam de treinamento de resistência ou condicionamento. Eles realmente não veem graça nos percursos quilométricos. Sua especialidade são os caminhos curtos e os saltos emocionantes. Sempre há coisas de que gostam mais, todas as outras são pouco empolgantes. Mas estas últimas simplesmente fazem parte do cotidiano de um atleta profissional. Não tem jeito. Começar, levar até o fim, resolver. Às vezes, existem pequenos momentos de alegria.

Foi porque você enganou seu vira-lata interior. E logo também seu animal de hábitos.

O conto de fadas do tempo produtivo

Diga sim a tudo que o impede de fazer o que realmente quer fazer. Mesmo que não tenha nenhum interesse nas coisas: faça assim mesmo. Disperse-se no ativismo e na correria. Aquilo que realmente importa na vida pode esperar. Você não está sozinho nisso. Todos sofrem de falta de tempo. A vida é uma devoradora de tempo. Todos querem e precisam de mais tempo. Ninguém tem tempo suficiente hoje em dia. Pelo que parece, o problema da falta de tempo infelizmente não se resolve por si só. A não ser que você decida fazer apenas aquilo que realmente lhe importa. Nesse caso, você deixaria der ser uma pessoa coagida. Então você não será mais alguém que está sendo induzido, mas passaria a ser alguém que decide, alguém que classifica suas atividades por ordem de importância. Mas baseado em que critérios?

Isso não tem a sua cara. Você é um mestre do desperdício de tempo, que resulta da falta de concentração. Você simplesmente não tem tempo para priorizar as coisas. Você prefere ser um porquinho-da-índia que passa o dia correndo na roda sem sair do lugar. Você sabe que existem boas razões para isso – exigências e obrigações diárias: família, crianças, amigos, colegas e clientes. Isso é normal. A vida tem dessas coisas. Ela não é um concerto em que você escolha as músicas. "O desafio consiste justamente em encontrar um equilíbrio entre dar conta das obrigações maçantes e, apesar disso, ter tempo para as coisas que não são pessoalmente importantes." Você sabe disso, porque é o que as pessoas dizem. Sua atividade diária fala uma linguagem bem diferente. Você ouve como os outros dizem: "Sempre há tempo suficiente". Sua experiência é outra. Você sabe que jamais terá tempo suficiente para dar conta de tudo que acredita precisar fazer. O tempo jamais será suficiente, e você pode continuar correndo na roda do porquinho-da-índia e se lamentando. Para isso, você tem tempo. Diariamente.

Não!

O exercício de dizer não

O indivíduo B tem 10 a 15 minutos para adivinhar os desejos de A, olhando-o nos olhos. B não para de fazer sugestões a A para propiciar-lhe um momento agradável. A aceitará a sugestão que lhe convier. E recusará com um "não" amigável as ofertas que não condizem com o seu gosto. B não leva isso a mal, mas encara cada recusa como encorajamento para desenvolver novas ideias.

Exemplo:

B: Posso lhe oferecer algo para beber?

A: Aceito.

B: Um café?

A: Não.

B: Chá?

A: Não.

B: Chocolate quente?

A: Não.

B: Gostaria de beber algo quente?

A: Não.

B: Ah bom. Uma bebida fria?

A: Sim.

B: Até que enfim. Um coquetel?

A: Sim!

Etc.

Objetivo: Aqui, os participantes podem fazer a experiência de que "dizer não" não significa automaticamente uma ofensa. Ou a perda de simpatia. Esse exercício permite experimentar e treinar ludicamente o ato de estabelecer limites.

Limites

Um atleta, sobretudo o bem-sucedido, tem muitas frentes de trabalho. Além do treino, há encontros com patrocinadores, entrevistas, encontros com o fã-clube, reuniões da equipe, amigos etc. etc. etc. Diante disso, pode ser difícil manter o controle sobre a situação, estabelecer limites. Dizer não muitas vezes é um desafio. Muitos nem acreditam que seja possível dizer "não" com gentileza. Até eles tentarem. Os limites do possível estão dentro da cabeça. E residem na importância factual que atribuímos às tarefas e aos desafios.

12

"A curiosidade está sempre em primeiro lugar quando se quer resolver um problema"

Galileu Galilei

Crises promovem identidade

Por sorte, você perdeu qualquer curiosidade ainda criança. Você conhece a expressão: "Não há perguntas bobas, só respostas bobas?" É exatamente disso que estamos falando aqui e agora. Porque, às vezes, é melhor seguir o lema: "Não esquento a cabeça com o que não sei!" A solução para problemas acumulados é decorrência de uma curiosidade irrefreável. Andar pela vida com um ponto de interrogação estampado em sua testa pode até ser significativo e atraente em algumas situações da vida. Só que, no seu caso, trata-se de uma via de mão única. Se é que não seja um beco sem saída. Por quê? "Quem muito pergunta recebe muitas respostas!" É muita lenha para ser cortada. Mas o que você faz com as respostas? Elas só desviam sua atenção do essencial: de sua inabalável fixação no problema. Você quer aferrar-se incondicionalmente às suas zonas de crise. Custe o que custar. Afinal, crises promovem identidade. Fiel ao lema: "Em algum momento, todos passam por uma crise, e hoje é a sua vez". Isso não é lá muito divertido, mas garante problemas. Por que você deveria renunciar a esse passatempo? Em tempos de crise, você não precisa ter medo de ficar sem trabalho.

Questão de atitude

"Estou curioso para ver o que vai acontecer hoje."

É isso que um dos atletas diz a si mesmo diante de desafios. Ou quando ele não tem vontade nenhuma de ir a uma reunião, mas mesmo assim é obrigado a comparecer. No fundo, isso expressa sua postura em relação ao mundo e à humanidade.

Com essa atitude, ele garante uma flexibilidade interior. Ele se mostra aberto para desenvolvimentos. Eventos imprevistos não o confundem facilmente. Pois eles fazem parte da sua postura de expectativa. Ele tenta encarar as surpresas – não importa de que tipo – não como obstáculos aos seus planos, mas como inspiração.

Qual a frase que expressa a sua atitude em relação aos acontecimentos mundiais e do dia?

A manifestação dessa frase provoca determinada conduta. Se você sentir que sua atitude é contraprodutiva, que ela o atrapalha ou que não é mais atual, desenvolva uma nova frase para si mesmo. Ou adote alguma que lhe agrade.

"O que não se encaixa a gente faz encaixar!" é o teor estimulante do título de um filme. Às vezes, isso exige tempo, tranquilidade e energia.

Questão de postura

Os atletas nunca estão "prontos". Este é um dos segredos do seu sucesso. Eles gostam de evoluir sempre: a curiosidade como fator do sucesso.

Os esportistas estão constantemente tentando otimizar o material e a técnica. Experimentos em busca da perfeição, inclusive no decorrer da temporada da copa mundial, são comuns. Os atletas têm objetivos, alcançam objetivos, buscam novos objetivos. Desse modo, jamais alcançam uma meta definitiva, pois um objetivo alcançado gera imediatamente um novo objetivo. Assim eles permanecem sempre mentalmente em movimento. Sempre ávidos em busca de melhoria e crescimento. Em termos tanto esportivos quanto pessoais.

Flow – neblina para os sentidos

Todo mundo conhece o *flow*. Sozinho ou com outros. Você está no *flow* quando não pensa nele. Você se aprofunda num livro, imerge na música. Numa conversa. Numa tarefa. Você mergulha num mundo de concentração. Conceitos similares são esquecimento próprio e entrega.

Você esquece o tempo e fica totalmente absorvido por uma atividade. Num ambiente que considera ideal, você fica altamente concentrado e motivado. Nesse *flow* não há correria, não há distração e não há estresse. Nele reina a passividade ativa. Soltar e abrir mão para chegar ao destino.

Não estou falando aqui de *wellness* (bem-estar) ou do puro relaxamento. Mas de uma forma bem específica de concentração e esforço. Podemos nos manter por mais tempo em *flow* se as exigências forem aumentando na medida em que aumentar a nossa capacidade. Não de modo rasante, mas somente na medida necessária para continuar interessante. O tédio tira você da concentração.

Nesse sentido, não é tão decisivo o que eu faço concretamente, mas como cumpro minha tarefa. Há os maníacos por faxina que se dedicam à limpeza com suma perfeição. Quando essas pessoas ainda acreditam estar fazendo algo bom para si ou para a saúde ou para a família, vivenciam adicionalmente grande satisfação advinda dessa atribuição interior de sentido.

Podemos vivenciar o *flow* em qualquer profissão. Frequentemente isso é mais fácil de conseguir quando conseguimos organizar o nosso trabalho ativamente. E quando o desafio corresponde às nossas capacidades e aos nossos talentos.

O *flow*, portanto, não é vivenciado apenas em profissões criativas. Muitos criativos também vivenciam processos de rotina enfadonhos. A tentativa de conferir a esses processos um aspecto lúdico é uma tarefa que sempre vale a pena.

O *flow* não é um aquecedor de passagem. Ele exige tempo e atenção. O foco está direcionado totalmente para o aqui e o agora. Desgosto e preocupações se desfazem no ar. A atividade é autorrecompensadora. Ela é divertida por si mesma. Tudo fica fácil.

Estar em *flow* significa estar totalmente imerso naquilo que você faz. Você tem um objetivo claro. Você sabe exatamente o que, como e quando deve fazer algo. Você controla tudo ludicamente.

O *flow* não gosta de fazer as coisas pela metade. A distração constante faz com que ele seque. Falta de concentração é um horror para ele. A falta de capacidade de decisão sobre o que é e o que não é importante estanca o *flow* na mesma hora. Se estiver constantemente de olho na recompensa pelo seu trabalho, você já está fora do jogo. Não saber o que você quer não ajuda muito. Exigir demais ou de menos de si mesmo é a abordagem errada. Oscilar de um lado para o outro entre passado, presente e futuro impede que você se concentre no aqui e agora.

Se isso lhe parece familiar, você é especialista em represar o *flow*. Isso impede que você vivencie o *flow* no mercado das falsas prioridades.

Talvez você diga a si mesmo: "Experiências de *flow* são supervalorizadas". Bastaria vivenciar o *flow* em casa. Ele nada tem a ver com a profissão. Se você se tornar especialista em *flow* no trabalho, sua profissão o absorve tanto que você passa a trabalhar bem mais do que queria e precisaria. Você mergulha no *flow*, esquece o tempo, e ninguém chama sua atenção. É possível que, no *flow*, muita coisa ficaria fácil demais para você. Então, queixar-se do quê? Há gente que já adverte contra o conceito do *flow* no emprego. Seria uma nova forma de exploração por meio da identificação e paixão pelo trabalho.

Ainda bem que finalmente alguém disse isso com tanta clareza. Então é preferível que você continue trabalhando como tem feito até agora. Ora, bolas!

Aceleradores de *flow* – freios de *flow*

Reúna suas experiências de *flow* e tente descobrir no que exatamente você foi tão bem-sucedido, e quando, onde, com que e com quem isso aconteceu. A partir daí você pode elaborar estratégias de sucesso para o futuro. Pise nos pedais de aceleração do *flow*!

Além disso, identifique também os seus freios de *flow*. Isso costuma ser mais fácil do que localizar os pedais de aceleração. Por quê? Porque prestamos mais atenção naquilo que não funciona.

Estude as razões dos freios de *flow*. Altere as condições estruturais e as causas. Desse modo você se tornará um especialista em *flow*.

Experiência em vez de resultado

Em sua copa mundial mais bem-sucedida, Thomas Morgenstern disse: "Mudei a minha atitude. Deixei de me orientar pelos resultados e passei a me orientar pela experiência. Jamais estive no *flow* com tanta frequência".

Uma das expressões do *flow* é a serenidade. Morgenstern infelizmente não conseguiu manter a mesma qualidade depois da pausa de verão e aproveitar-se disso para a temporada seguinte sem interromper a sequência de sucessos. *Flow* é como o amor ou a felicidade: às vezes, dura pouco. Não há como conservá-lo. O *flow* precisa ser constantemente recriado.

13

Jamais resolva um problema grande enquanto ainda for pequeno

A profissão dos sonhos

Você não sabe se a sua profissão é a profissão com que sonhou?

Você ainda não refletiu sobre isso? Isso não é problema!

Checagem da profissão dos sonhos

Você só trabalha porque ganha dinheiro para fazer isso? (No sentido de indenização por danos sofridos/compensação.)
Sua atividade lhe é totalmente indiferente?
Você investe sua alma só na sua vida privada?
Você não quer ouvir falar de importância e relevância em sua vida?
Você não tem a sensação de estar sendo usado?
Você sempre cultiva só a sua zona de conforto?

Alegria e diversão existem para você só depois e não durante o trabalho?
Você nunca usa suas qualidades?
O aprendizado vitalício é algo para jovens profissionais?
Se pudesse começar tudo de novo, você faria tudo diferente?
As pessoas em sua volta só o irritam?
Você sente a depressão da segunda-feira não só no domingo à noite, mas em todos os dias da semana de trabalho?

Este teste naturalmente não tem fundamento científico. Reflete apenas uma tendência.

Ainda assim: se você conseguiu responder muitas perguntas com "sim": *jackpot* – a sua profissão não tem absolutamente nada a ver com qualquer vocação sua.

Não há perigo de você se apaixonar por seu emprego. Deu sorte, amigo. Apaixonar-se pela profissão para então ser absorvido por ela, é isso que se chama de desgraça. Nesse aspecto, você está no lado seguro.

Martin Schmitt

No caso de Martin Schmitt, o saltador de esqui alemão já um tanto antiquado, há muito tempo vem passando a impressão de que perdeu completamente o fator lúdico que ele tanto gosta de enfatizar em entrevistas. Perguntamo-nos porque ele ainda se sujeita a essa vida cheia de privações de um atleta. Às vezes, suspeito secretamente que há anos ele vendeu seu sorriso para seu patrocinador.

Sem problema!

(Alf)

Há pessoas que negam os problemas, afirmando jamais terem problemas. Elas também têm problemas, acredite. Elas se parecem com certos casais que juram nunca brigarem, como se isso fosse uma qualidade desejável. Negar todo e qualquer problema e encarar a vida como grande festa permanente é uma variante interessante da postura de evitar problemas. Minimizar todos os conflitos é uma façanha e tanto. Não havendo problema, jamais haverá necessidade de solução para algo que nem de longe se parece com um problema. Toda e qualquer forma de desentendimento é desconversada em favor de um eterno pingue-pongue. Uma necessidade real que se esconde por trás de um problema é narcotizada com as drogas festivas naturais dos otimistas profissionais.

Seu conceito de mudança se refere, no máximo, ao consumo de substâncias psicodélicas. Não importa de que tipo sejam: de expressões de incentivo a floreios retóricos bem-humorados do tipo "aguente firme". Tô legal: este é o teor do lema apenas aparentemente impositivo que serve tanto para o dia como para a noite. Só uma mentalidade mesquinha consegue reconhecer nisso uma forma de lixo mental. Como se houvesse alguma possibilidade de você estar reprimindo algo por meio de uma existência permanentemente entregue à farra! Você simplesmente não tem nada a reprimir. Quem afirma isso nada mais é do que um penetra. Ficar buzinando nos ouvidos dos outros como princípio de solução por acaso afeta o rei da festa? Ou seja, você? Que esses desmancha-prazeres queimem no inferno dos porteiros.

Nunca ter um problema também é uma possível solução.

Autoeficácia

Qual o maior problema que você já resolveu?
Como exatamente você fez isso?
Quais foram as ideias, palavras e atos que o convenceram de que você poderia resolver o problema?

Só para saber:
Qual é o maior problema que você conhece? Insolúvel?
Crie um *think tank* com amigos, colegas e estranhos e tente desenvolver soluções para ele.

14

Há pessoas que já têm uma solução antes mesmo de existir algum problema

Ernst Waltemathe

A zona de problema como parque de aventuras

Atenção, sistema de detecção precoce de problemas se aproxima em voo rasante! Quem é que precisa disso? Zonas de problema são os parques de aventuras dos “habitantes da terra do real”, diz a autora de *best-sellers* Sabine Asgodom. Meios de solução frequentemente exalam um cheiro penetrante e podem ser bastante corrosivos. Alguns são muito intensos, outros, em contrapartida, muito brandos. Encontrar o termo médio correto é um desafio que não deve ser subestimado. Especialmente quando ainda não se conhece o problema em toda a sua amplitude. Uma ação antecipada bem pensada e voltada para a solução lhe parece algo impossível. Para não dizer imprudente! Você não consegue apresentar uma proposta de solução nem mesmo depois de analisar o problema em todos os seus pormenores. Como surgiria, então, quase a título de prevenção em voo cego, uma ideia do nada? Por um passe de mágica? Um David Copperfield da solução de problemas? *"It's a kind of magic!"*?

Por outro lado, você considera as pessoas que negam os problemas como um gênero especial de molengas. A exemplo da espécie dos estrategistas da evitação de conflitos, que, no fundo do seu coração, você vê como pessoas fanáticas por harmonia, você os considera covardes que fogem da realidade. Quem é que precisa de um *coitus interruptus* no problema? Você, em contrapartida, atrai problemas como um ímã. E isso é bom. Pois para cada aspecto da vida existem os especialistas. Diante disso, seria absurdo se isso não se aplicasse a você – como especialista em problemas *par excellence*.

Bipe

O cérebro humano faz ligações e estabelece conexões em frações de segundo. Estamos continuamente antecipando, criando expectativas e avaliando com a rapidez de um raio.

Para demonstrar isso, sugiro o exercício do bipe:

Uma pessoa faz uma palestra à sua escolha diante do restante do grupo. O grupo se encontra numa distância de cerca de um a um metro e meio numa fila diante do palestrante. Cada membro do grupo levanta o braço direito até a altura da cabeça. A mão se move permanentemente de um lado para outro. Se um ouvinte do grupo se sentir ignorado pelas palavras, olhares, linguagem, tema etc. do palestrante, ele emite um "bipe" como sinal de advertência e começa a baixar lentamente a mão. Se a mão chegar até a altura dos quadris, o palestrante não atingiu seu objetivo. Então um novo especialista apresenta o seu tema e assim em diante.

Objetivo: O especialista tem a tarefa de lutar com toda a sua concentração pela atenção dos ouvintes. O *feedback* claro e direto enviado por braços e mãos exercem pressão. Se o palestrante desviar o foco de alguém por qualquer momento que seja, imediatamente ele recebe o recado.

Aqui e agora

No momento em que o atleta se desconcentra ele perde. Um lampejo de uma fração de segundo já basta. A distração expele o atleta do processo. A retomada é muito difícil e raramente bem-sucedida. Uma trepidação inesperada na pista de largada é suficiente: a ideia abstrusa de que o esqui possa ter se soltado. Ou a irritação com o vento que faz o que bem entende. O olhar de desprezo de um concorrente. Um comentário meio torto do treinador. A pergunta incômoda de um repórter. Muitas dessas coisas são perturbações que só se convertem em tais porque o atleta as interpreta. Se conseguisse ater-se aos fatos neutros sem atribuir-lhes um julgamento, ele não seria tão suscetível a distrações.

Para mim, um exemplo magistral de como não se deixar distrair foi dado por Gregor Schlierenzauer, cujo zíper travou pouco antes do segundo salto decisivo de uma competição. Ele não fechava mais. Podem ter existido mil razões para isso. Falha no material. Alguma sujeira que travou o zíper. Schlierenzauer poderia ter perguntado de quem é a culpa. Acusar o responsável pelo material de desleixo. Suspeitar um descuido de sua parte na hora de vestir. Contudo, todas essas especulações não solucionam a situação de aperto em que se encontra o saltador. Pelo contrário. Elas o privam da concentração e consomem energia.

Além disso, o tempo corre contra ele. Ele não pode voltar ao Pavilhão das Nações para vestir um novo traje, nem o responsável pelo material pode ir até ele na torre de salto para fazer a troca do traje. Portanto, só sobra espaço e tempo para a improvisação. Trabalha-se com fita adesiva e alfinetes de segurança. A correria é geral. Schlierenzauer respira fundo e tenta manter a concentração. Focado no salto, ele deixa os membros de sua equipe resolverem o problema. Então o tempo se esgota. Ele precisa se apresentar para o salto. Enquanto se prepara no palanque e aguarda o sinal de largada, ele podia se preocupar com a possibilidade de seu salto não ser considerado válido. O traje não estava de acordo com as regras. Era relativamente certo que tudo acabaria na desqualificação. Então Schlierenzauer recebe do treinador o sinal para a largada e se concentra na competição. Ele salta. Tudo conforme as regras. Um salto de segurança de alto nível. Segue então de imediato a desqualificação. Ele dá vazão à sua irritação. Mas só por alguns instantes. Então ele diz: "Foi uma falha material. O júri decidiu, e pronto". Mas até o momento da aterrissagem, Schlierenzauer demonstrou sua mestria na concentração. Por isso, merece todo respeito!

Concentre-se em todas as razões pelas quais algo não funciona...

...e não deposite nenhuma confiança na única razão pela qual ela, apesar de tudo, poderia funcionar

Você se aprofunda intensivamente numa problemática. Mas infelizmente você não chega a um resultado. Muito menos a uma conclusão. Você procura aqui e revira ali. O xis da questão precisa estar em algum lugar. E se o perguntassem, você saberia recitar mil razões pelas quais a coisa não funciona aqui e agora. Mas ninguém pergunta. Portanto, você vai ainda mais fundo. Encontra uma objeção aqui, uma contradição ali, acolá uma tese, mais adiante uma antítese. Você conhece o sistema como a palma da sua mão. Sim, mas a questão é que... Sim, mas isso não funciona porque... Sim, mas aqui não é assim... Sim, mas faz anos que fazemos isso de outro jeito. Ou fazemos do nosso jeito ou não fazemos de jeito nenhum... Ou os outros aceitam suas justificativas ou você se recusa a assumir a responsabilidade pelo que acontecerá.

Há pessoas que experimentam isso como chantagem. O que você, por sua vez, percebe como injustiça. Certamente tudo isso deve ser um grande mal-entendido. Pois você faz tudo com as melhores intenções. Você só quer o melhor. Que pena que ninguém quer o mesmo.

E quando surge uma luz no fim do túnel? Você tem certeza de que se trata de uma ilusão óptica. Justamente por se tratar apenas de uma luzinha fraca, não se deveria ser tão insensato a ponto de segui-la. Você já viu muitas pequenas luzes e sabe que seria insensato acreditar nelas. A experiência de sua vida mostra isto: não vale a pena seguir a luz, por menor que ela seja. Nunca! Pensamento positivo é ópio para o intelecto. A esperança é uma ilusão. Mas que uma coisa fique bem clara: o fato de você ser realista nem de longe significa que é um estraga-prazeres. Você sabe desfrutar a vida. Só que o faz por outras razões. E a desfruta ao máximo. E viva o estado emperrado. O quê? A paralisia provocada pelo problema.

Direcionamento da atenção

Exercício para no mínimo dois pares

O indivíduo A tem os olhos vendados. O indivíduo B guia o parceiro "cego" valendo-se exclusivamente de sinais acústicos: para frente, para trás, para a direita, para a esquerda, pare, siga.

A tarefa se complica quando vários pares estiverem na mesma sala fazendo a mesma coisa. O objetivo é evitar colisões. A emoção desse exercício pode ser intensificada aumentando a distância entre o "cego" e o "guia". Além disso, a tensão e o desafio podem ser incrementados mediante a elevação do tom de voz (gritar) ou sua diminuição (sussurrar).

Depois do exercício, os participantes compartilham suas experiências e trocam os parceiros.

Objetivo: Mediante o direcionamento da atenção para a audição eleva-se o grau de dificuldade. A percepção seletiva de uma voz dentro do gama de ruídos colaterais exige um alto grau de foco. Aqui se treina a concentração. A capacidade de ignorar influências perturbadoras é muito útil no processo. Manter o foco é obrigatório.

De olhos fechados

Numa excursão até a rampa de salto em Lillehammer, os atletas que participaram do treinamento de verão levaram um desafio especial para a rampa. Durante a largada, eles não deveriam se concentrar no momento da decolagem no final da rampa, mas efetuar diversas observações. Durante a largada, deveriam se concentrar em coisas que estavam ouvindo interiormente ou percebendo exteriormente. Em seguida, deveriam se dedicar ao que estavam vendo, tanto interiormente quanto exteriormente. Por fim, o desafio era voltar sua atenção para o que estava acontecendo tanto dentro quanto fora dos atletas. Alguns receberam a tarefa de criar uma espécie de mantra. Essa frase deveria ocupar então o centro de sua atenção.

As experiências feitas com a atividade dos diversos sentidos foram instrutivas. Acima de tudo, a qualidade do salto não diminuiu em virtude do direcionamento da atenção para outras coisas.

Para um dos atletas, a concentração na audição foi mais proveitosa; para outro, a atenção às sensações internas fez mais sentido. O assim chamado ritmo de uma rampa frequentemente é tido como chave para uma boa decolagem. Descobrir a cadência, absorvê-la e variá-la é considerado um processo estimulante. O treino foi interessante especialmente para um dos saltadores: no momento da decolagem ele sempre fechava os olhos. No voo cego ele saltava para o nada. Nunca antes ele havia se dado conta disso.

Bastante não é o bastante

"Um excesso de coisas boas pode ser maravilhoso", disse Mae West certa vez. Uma postura que vale a pena adotar. Muitas vezes, você não se alegra com o que tem naquele momento. Ou com a ausência da infelicidade. Ou com o fato de que as coisas poderiam ser bem piores. Você nunca pensa em escala pequena.

Por favor, registre por escrito o que está correndo bem neste momento. Você não consegue pensar em muita coisa? As poucas coisas boas não merecem ser anotadas? Certo. Deixe de lado a apreciação por essas coisas. Pois não há nada de bom em como as coisas estão. Sua vida é uma única catástrofe. Sentir gratidão pelo quê? O pouco que está OK não merece sua atenção. Isso significaria embelezar a vida. Continue a se lamentar. Existe uma expressão que lhe serve de consolo: "Divertir-se demais é entediante!"

Pergunto do "o que seria se"

Um exercício sem rede de segurança – a pergunta do "o que seria se":

O que seria...
...se dinheiro não tivesse importância...
...se tudo fosse concebível...

...se tudo fosse viável.

...se o tempo não tivesse importância.

...se você pudesse fazer o que é capaz de fazer.

...se ninguém mais lhe desse palpites.

...se você pudesse ser alguém diferente.

...se o problema não fosse mais um problema.

O que seria então? O que seria diferente do que é hoje? Que pessoa você seria? O que você faria? Como você viveria? Onde e com quem?

Mais concretamente: Como você imagina um dia ideal num ambiente ideal? Pense, por favor, numa rotina diária. Desde o momento de despertar até o momento de voltar para a cama. Tão concretamente quanto possível.

Humildade

Houve uma temporada em que os esquiadores austríacos quebraram todos os recordes. Nunca antes houvera tantos vencedores. Nem tantas vitórias. Diante disso, pode-se facilmente ficar satisfeito e indolente. A assim chamada fome de sucessos pode se transformar em falta de apetite e desleixo. Nesse momento, o time precisa abrir os olhos. A tendência para a autossuficiência e o amor próprio pode facilmente converter-se em arrogância e na crença na própria invulnerabilidade. Humildade se torna uma palavra estranha. Rapidamente, o espírito de equipe se dissolve, sacrificado no altar do egocêntrico e do ás.

Nada disso aconteceu. Incansáveis, os atletas permaneceram fiéis à linha do seu sucesso: concentração, dedicação e uma espécie de humildade foram os conceitos-chave da *boy band* do esporte de elite da Áustria.

15

Se essa for a solução você vai querer seu problema de volta imediatamente!

Revolta contra a mediocridade

Você sabe o que é abstinência de problemas? Em troca de quê? De uma solução. Uma solução que se apresenta de modo tão fácil, tão simples, tão óbvio e tão natural quanto uma receita de macarronada. Você passou dias se desgastando. Noites se revirando na cama. Insônia na zona de problema. E agora isto! Você fez de tudo para não encarar o problema de frente. De todas as maneiras você procurou evitar o confronto. Para quê? Valeu a pena? Você negou, choramingou e se apegou. Optou por desvios e explorou becos sem saída. Seus amigos ficaram nervosos, seu prazo de validade quase se esgotou. Você andou em círculos. O retângulo não queria se encaixar no círculo. Parecia que tinha chegado a hora da quadratura do círculo. Exaustão por toda parte. Foi então que alguém simplesmente reinventou a roda. Só isso.

Obrigado, acabou. Agora chega. Você troca a solução pelo problema que tinha antes. Afinal, você tem direito à devolução. É preciso que toda essa confusão valha a pena!

Uma história

Um menino começou a gaguejar de repente na idade de cinco anos. Sua mãe lhe disse: "Não é nada grave. É que seus pensamentos são mais rápidos do que sua língua!" O menino pensou: "Legal, que massa, eu só gaguejo porque sou muito esperto!" (Jerome Kagan)

Fé

"Agora eu sempre sigo o seu conselho, e quando a situação aperta, sei que agora sou melhor do que jamais fui em toda minha vida."

Não faço ideia a que conselho o atleta estava se referindo. Mas fico contente por ter lhe ajudado.

O que é "problema"?

Segundo a Wikipédia, denomina-se de problema (em grego: *problema*, aquilo que foi lançado à frente, aquilo que foi posto à frente, ou seja, proposto como solução) "uma tarefa cuja solução exige a superação de dificuldades. Problemas representam obstáculos que precisam ser superados ou contornados para que se possa passar de uma situação inicial insatisfatória a uma situação final satisfatória. Em configurações diversas, os problemas surgem em todos os âmbitos da vida. Para resolver um problema pode ser necessário subdividi-lo em tarefas menores mais simples ou reduzi-lo a um problema já resolvido ou encarar a situação inicial de um modo novo.

A percepção da possibilidade de solucionar um problema depende do respectivo solucionador e dos recursos que este tem à sua disposição. Paralogismos podem obscurecer a visão para as verdadeiras razões por trás do problema".

Que tipo você é em relação a problemas?

~ Você reconhece os problemas de cara?

~ Na hora de identificar os problemas, você gosta de ficar tateando no escuro?

~ De tantos probleminhas que existem, você às vezes não consegue ver problema propriamente dito?

~ Você analisa os problemas com todas as regras da razão?

~ Você gosta de minimizar os problemas?

~ Você entra em pânico quando surge um problema?

~ Você leva todo problema para o lado pessoal?

~ Você raramente consegue diferenciar entre um problema importante e um problema não tão importante assim?

~ Você frequentemente vivencia o confronto como sobrecarga?

~ Você nunca vê a superação de um problema como esporte, jogo, diversão e emoção?

~ Você muitas vezes se sente sobrecarregado quando confrontado com problemas?

~ Quando surgem problemas, você costuma se lamentar do destino cruel e do mundo injusto?

~ Quando surgem problemas você logo atribui a culpa a alguém?

~ Você raramente se interessa pela causa do problema?

~ Você tende a dramatizar os problemas?

~ Você transforma problemas em probleminhas?

~ Você praticamente nunca se interessa pelos problemas de outros?

~ Você às vezes superestima seus recursos para resolver problemas?

~ Você tenta resolver problemas intuitivamente?

~ Você tende a ter problemas crônicos?

~ Você não desenvolve nenhum plano para processar problemas?

~ Você se sujeita à pressão de tempo ou de prazos na solução de problemas?

~ Você sempre e sem exceção lida com seus problemas sozinho?

~ Você permite que todo o seu entorno fique a par dos seus problemas?

~ Ignorar, negar e/ou dar tempo ao tempo são suas estratégias de solução?

~ Você tem fobia a mudanças?

~ Você prefere não correr riscos?

~ Você almeja controle e segurança?

~ Você é pouco autoconfiante ao atacar os problemas?

~ Você não tem confiança em suas capacidades para superar problemas?

~ Quando surgem problemas, você procura se proteger?

~ Você gosta de repassar os problemas para outros?

~ Você gosta de ser visto como especialista em problemas?

~ Você tende a tirar conclusões apressadas e irrefletidas na hora de encontrar soluções?

~ Você é um criador de problemas?

~ Você não consegue se decidir por nenhuma solução para o problema?

~ Você fica paralisado pelo problema?

~ Você prefere falar sobre seus problemas em vez de atacá-los de frente?

~ Você se alegra sempre que surge um novo problema, porque isso lhe permite deixar de lado o antigo?

~ Você identifica seus problemas?

~ Você nunca comemora os problemas que você resolveu?

Este teste naturalmente não dá nenhuma informação real. Ele não é baseado em nenhum levantamento científico. Os resultados apontam apenas uma tendência: sua tendência de lidar com problemas.

Quanto maior for o número de perguntas respondidas com "sim", tanto mais você tende em direção à categoria dos amantes da zona de problemas, dos negadores de problemas, dos aprofundadores de problemas, dos evitadores de problemas, dos ímãs de problemas ou dos apaixonados por problemas.

Se suas repostas foram predominantemente "não", você integra o gênero raro dos solucionadores de problemas.

Em caso de empate, uma vez mais você conseguiu criar um problema. Parabéns!

VEM CÁ, PROBLEMA, QUE EU TE RESOLVO!

"Todos diziam que não era possível fazer isso. Então veio alguém que não sabia disso e simplesmente o fez!"

Foi o que me aconteceu com este livro...

Anexo

Vozes do mundo do esporte

A seleção de saltadores de esqui da Áustria realizou, entre outras coisas, um seminário sobre *flow* com Jonathan Briefs e o treinador e ex-saltador Marc Nölke. Logo depois, alguns participantes se pronunciaram:

> *Você mostrou aos nossos atletas de modo marcante que não se alcança a otimização duradoura dos resultados com um simples "mais": mais forte, mais rápido", mas por meio de consciência, de um alto nível de atenção e de uma administração sensata do entorno e, por conseguinte, por meio de fatores lúdicos.*
>
> ALEXANDER POINTNER, TREINADOR-CHEFE DA SELEÇÃO NACIONAL DE SALTO DE ESQUI DA ÁUSTRIA

> *O objetivo é trabalhar focado num objetivo. Em algum momento, cai a ficha quando o objetivo deixa de ser o resultado e passa a ser o desenvolvimento. Sei que sou bom no salto de esqui quando confio em minhas capacidades. Mas no momento em que fico obstinado, quando cerro os*

dentes, a coisa não rola. O seminário me conscientizou de muitos aspectos. Estive em flow *como nunca antes.*

THOMAS MORGENSTERN, CAMPEÃO OLÍMPICO, VENCEDOR DO CAMPEONATO MUNDIAL, CAMPEÃO MUNDIAL, VENCEDOR DO TORNEIO *VIERSCHANZENTOURNEE*

Um atleta de elite percebe imediatamente se algo funciona ou não. É como na vida real: às vezes, você trabalha seis horas e nem percebe como o tempo passa porque tudo dá certo. E às vezes, você pensa já depois de meia hora: meu Deus, quando é que esse dia vai acabar? Trata-se de pessoas em equilíbrio. Para isso, o seminário foi extremamente interessante, muito valioso e absolutamente recomendável.

GREGOR SCHLIERENZAUER, CAMPEÃO OLÍMPICO EM EQUIPE, CAMPEÃO MUNDIAL EM VOO DE ESQUI, CAMPEÃO MUNDIAL, VENCEDOR DO TORNEIO *VIERSCHANZENTOURNEE*

Agradecimentos

Agradeço a:
List em Sylt, minha ilha-escritório, da qual sinto saudades.

Sabine Asgodom, que me convidou para a GSA (*German Speakers Association* = Associação de Palestrantes de Língua Alemã) para proferir a palestra "Ases – o que eles podem aprender com os atletas do salto de esqui..." Ali encontrei Dagmar Olzog da Editora Kösel. O resto é história.
Kara Pientka, Stefan Keulen, Danny Frede e Martin Reinl, a rocha em meio à tempestade.

Marc Nölke, na época cotreinador da seleção nacional da Áustria, que me apresentou aos saltadores de esqui como seu *coach*.

Alexander Pointner, que, como treinador-chefe dos saltadores de esqui, teve a coragem de usar métodos não convencionais.

Florian Kotlaba, que, na qualidade de assessor de imprensa dos saltadores, me transformou em "assessor humorístico".

Thomas Hahn da *Süddeutsche Zeitung*, por seu interesse estimulante.

Toni Innauer, ícone do salto de esqui, amigo espiritual.

Petra Bock, energia inspiradora.

Fozzy Moritz da *Innovationsmanufaktur* (Manufatura de Inovação). O nome é programa.

Charly Waibel, um visionário enquanto treinador-chefe da equipe masculina de esqui alpino da Alemanha.

Felix Neureuther, esquiador sensível intuitivo com impulso perfeito.

Result, parceiro da *network*, por atravessar comigo altos e baixos.

Prof.-Dr. Eike Emrich, ex-vice-presidente do *Deutsche Leichtathletik-Verband* (Associação Alemã de Atletismo), e Volker Schürmann, filósofo de esportes da Escola Superior de Esportes de Köln pelos impulsos valiosos.

Gerald Hüther pela sua apreciação: "O que você faz em seu livro e com seus *coachings* é uma abordagem totalmente empolgante. Você cria um dilema em seus clientes para o qual eles mesmos precisam encontrar uma solução..."

Naturalmente e acima de tudo: meu agradecimento cordial aos atletas da seleção nacional de salto de esqui da Áustria: entre outros, a Gregor Schlierenzauer, Thomas Morgenstern, Andreas Kofler, Martin Koch, Wolfgang Loitzl e Manuel Fettner.

Dicas de leitura

ASGODOM, S. *So coache ich* – 25 überraschende Impulse, mit denen Sie erfolgreicher werden. 4. ed. Munique: Kösel, 2013.

______. *Lebe wild und unersättlich!* – 10 Freiheiten für Frauen, die mehr vom Leben wollen. 11. ed. Munique: Kösel, 2010.

BEHRINGER, G. *Meine Zukunft in Listen*. Munique: Knesebeck, 2011.

BOCK, P. *Die Kunst, seine Berufung zu finden*. 4. ed. Frankfurt a. M.: Fischer-TB, 2012.

______. *Mindfuck* – Warum wir uns selbst sabotieren und was wir dagegen tun können. Munique: Droemer Knaur, 2011.

CSIKSZENTMIHALYI, M. *Flow im Beruf* – Das Geheimnis des Glücks am Arbeitsplatz. 3. ed. Stuttgart: Klett-Cotta, 2012.

______. *Flow* – Das Geheimnis des Glücks. 15. ed. Stuttgart: Klett-Cotta, 2010.

______. *Flow: Der Weg zum Glück* – Der Entdecker des Flow-Prinzips erklärt seine Lebensphilosophie. Friburgo: Herder, 2010.

FISCHLI, P. & WEISS, D. *Findet mich das Glück?* 4. ed. Colônia: Verlag der Buchhandlung König, 2007.

FRITZ-SCHUBERT, E. *Schulfach Glück* – Wie ein neues Fach die Schule verändert. Friburgo: Herder, 2012.

GALLWEY, W.T. *Tennis: Das innere Spiel* – Durch entspannte Konzentration zur Bestleistung. Munique: Goldmann, 2012.

______. *Inner Game Coaching* – Warum Erfahrungen der beste Lehrmeister sind. Staufen: Alles im Fluss, 2010.

GLADWELL, M. *Überflieger* – Warum manche Menschen erfolgreich sind- und andere nicht. Frankfurt a. M.: Campus, 2009.

GOODALL, J. *Die Erde gehört uns nicht allein* – Meine Hoffnung für die Tiere und ihre Welt. Altendorf: Giger, 2011.

GREEN, J. *Das Schicksal ist ein mieser Verräter*. 7. ed. Munique: Hanser, 2012.

HIRSCHHAUSEN, E. *Glück kommt selten allein...* 7. ed. Reinbek: Rowohlt-TB, 2011.

HÜTHER, G. *Was wir sind und was wir sein könnten* – Ein neurobiologischer Mutmacher. 11. ed. Frankfurt a. M.: S. Fischer, 2011.

INNAUER, T. *Am Puls des Erfolgs*. Fahndorf: CSV, 2010.

JOHNSTONE, K. *Theaterspiele* – Spontaneität, Improvisation und Theatersport. 7. ed. Berlim: Alexander, 2009.

______. *Improvisation und Theater.* Berlim: Alexander, 1993.

NEUREUTHER, F. & LUTZ, H. *Mein Training mit Life Kinetik* – Gehirn + Bewegung = mehr Leistung. 2. ed. Munique: Nymphenburger, 2009.

PINK, D.H. *Drive* – Was Sie wirklich motiviert. 2. ed. Salzburgo: Ecowin, 2010.

REISS, S. *Wer bin ich und was will ich wirklich?* – Mit dem Reiss-Profile die 16 Lebensmotive erkennen und nutzen. Munique: Redline, 2009.

SCHMIDT-TANGER, M. *Gekonnt coachen:* Präzision und Pro-vokation im Coaching. 2. ed. Paderborn: Junfermann, 2009.

SEIDL, C. & BEUTELMEYER, W. *Die Marke Ich* – So entwickeln Sie Ihre persönliche Erfolgsstrategie. 3. ed. atual. Heidelberg: Redline, 2006.

SELIGMANN, M. *Flourish: Wie Menschen aufblühen* – Die Positive Psychologie des gelingenden Lebens. Munique: Kösel, 2012.

______. *Der Glücks-Faktor* – Warum Optimisten länger leben. 9. ed. Colônia: Bastei-Lübbe, 2012.

SHER, B. *Wishcraft* – Lebensträume und Berufsziele entdecken und verwirklichen. 5. ed. Osnabrück: Schwarzer, 2009.

SHER, B. & SMITH, B. *Ich könnte alles tun, wenn ich nur wüsste, was ich will*. Munique: DTV, 2011.

TELLER, J. *Nichts* – Was im Leben wichtig ist. 22. ed. Munique: Hanser, 2010.

TENGE, S. *Flow im Business* – Spielregeln für Freude und Erfolg im Berufsleben. Bielefeld: Kamphausen, 2008.

VORHAUS, J. *Handwerk Humor.* 3. ed. Frankfurt a. M.: Zweitausendeins, 2010.

WATZLAWICK, P. *Anleitung zum Unglücklichsein*. 22. ed. Munique: Piper, 2012.

WEBER, M. *Der Mensch im Gleichgewicht* – Gesundheit neu gedacht mit Herz, Logik und Intuition. 6. ed. Steyr: Ennsthaler, 2011.

Índice